何毅里長伯突破瓶頸的五個黃金法則

翻轉你的期貨交易

何毅里長伯 ◎ 著

推薦序

啟發思維的市場導航者

在瞬息萬變的金融市場中，一位優秀的講師不僅能夠傳授專業知識，更能啟發交易思維，幫助交易者建立穩健的策略與判斷力。而何毅里長伯正是這樣一位難能可貴的金融教育者，憑藉深厚的市場經驗、縝密的邏輯分析與清晰的教學風格，成為許多交易者信賴的學習對象，當然包括我在內。

台股期貨作為台灣市場最具代表性的衍生性金融商品，不僅是專業交易者的主要戰場，也是不少投資人提升資產管理能力的關鍵工具。台股期貨最令人聞之色變的就是其高槓桿特性，不過槓桿其實是可以自己掌控的，尤其伴隨微台的推出，更能讓小資族交易者，更好掌控操作的槓桿。同時拜其高槓桿所賜，只要操作得當，反而比其他金融商品的獲利更可觀，這也是我很喜歡台股期貨的主要因素之一。

身為金融講師，我深知市場教育的重要性。總結這十年多來的經驗，在台股期貨市場失利的交易者，主因就是缺乏交易的知識及經驗，就貿然投入市場交易，導致鎩羽而歸。

這些年來，模擬交易益發普及，倘若交易者能夠先學習足夠的知識，搭配模擬交易累積經驗後，再進行實單操作，相信能戰勝台股期貨的人會越來越多，也能利用其高槓桿的特性，為自己擴增資產。因此當終於說服恩師出版這本書時，我是相當開心且興奮的，

相信這本書的出版，會讓更多人學到受用的知識，對交易有實質上的助益。

何毅里長伯深耕台指期貨市場多年，擁有豐富的實戰經驗，無論是技術分析或是市場情緒的分析掌控，都有獨到的見解，並展現出極高的專業水準。其解盤教學方式邏輯嚴密、層層遞進，教導學員拆解市場結構，幫助學員從多角度理解行情變化。

回想當初看到里長伯的講解，讓我印象深刻，他不是只講單一的操作技巧或技術指標，而是涵蓋了與台股期貨相關的各項金融商品、盤後籌碼、結算及控盤的邏輯等，讓我眼睛為之一亮──「這就是我想要學習的！」想要戰勝台股期貨，就必須對它有深入的了解，這位老師會的、懂的太多了，我要跟他學！這就是我跟里長伯緣分的開始。

我的操作功力得以大幅提升，在教學市場占有一席之地，並研發出那麼多的操作技巧，都要歸功於里長伯傳授的交易邏輯。只要邏輯通了，無論是要判讀市場訊號或是解讀盤後籌碼，大至整體趨勢，小到操作技巧，都會有驚豔的大躍進。

此書的五大台股期貨操作關鍵，只要仔細研讀，就能發現里長伯在每個單元中，都在教授看盤的邏輯，尤其是第五單元的日價差，有非常多交易者都忽略其重要性，甚至並不了解，其實那是相當重要的一環；前三個單元，就是在建構交易者的 SOP，以及抓出合宜的進退場點；第四單元的招搖 K，則是台股交易者必懂的操作技巧。

《翻轉你的期貨交易》一書與教科書式的講解不同，本書以實戰案例為核心，結合作者豐富的市場經驗，幫助讀者提綱挈領出五個單元要點。透過書中的講解及範例說明，讓讀者快速理解、運用，

並從中獲得極大的啟發與提升。

　　市場變化莫測，市場如戰場，知己知彼才能百戰不殆。交易的成功來自於知識、紀律及執行力，亦是交易者最可靠的武器，而本書正是構築成功交易的基石。透過這本書，你將能更有信心地面對市場挑戰。誠摯推薦這本書給所有對台股期貨有興趣的朋友，相信它將成為你交易旅程中的寶貴指南。

　　最後，感謝恩師傾囊相授，遇見您讓我翻轉了人生。也祝福每位台股期貨交易者都能締造佳績，擁有屬於自己的一片天。

Queen 怜

作　者　序

那一年，我父親輸光了畢生的積蓄，從此展開了我與期貨的不解之緣……

回顧過去，我的人生分成三個主要階段：磨練→成熟→傳承。

磨練，土法煉鋼從 K 棒找答案

我在單親家庭長大，母親於 37 歲就因癌症去世了，之後是父親一手將三個小孩帶大。

年少時的我太叛逆，國中就開始翹課翹家，高職讀到被退學，重考又多浪費了 2 年。

當時由於學歷只有高職畢業，剛退伍時沒條件挑工作，所以幫家裡開的小餐廳做廚務，也做過汽車銷售員、信用卡理專、送貨跑外務、水電學徒，甚至是到有錢人家裡洗馬桶。其中影響我最深遠的工作經歷，便是在投顧公司工作的 7 年，以及洗馬桶打雜。

回憶洗馬桶打雜，其實就是去有錢人家裡做家務整潔工作，我必須戴著塑膠手套再拿個刷子，把手伸進馬桶的儲水面之下刷洗糞汙。這份工作本身不難，難在一開始心裡過不去，覺得非常丟臉。但隨著時日累積，我桀驁不馴的個性逐漸被磨平，也理解了新的人生哲理──「吃得了別人所不能之苦，才能成大器。」回頭看，我很欣慰我年輕時曾做過這份工作，它讓我學會彎腰做人做事。

那投顧公司的工作影響了我什麼呢？二、三十年前還是電話接

單的時代,手續費要一千多元,資訊非常不透明,更別提網路了,所以投顧公司是當年最流行的理財投資諮詢管道。也因為如此,站在第一線工作的我,那幾年接觸到非常多投資人,同時默默觀察他們的操作模式與投資習慣,就此展開對操作的興趣,不斷從K棒裡找答案。

沒想到,在這段期間,我父親竟然輸光了畢生的積蓄,大大衝擊了我們家的經濟狀況。不甘心、想把錢賺回來、想要人生翻盤⋯⋯得知消息後的種種情緒,將我帶向了鑽研期貨的道路。

或許是獅子座的自負,我不喜歡發問,那會顯得我很笨,所以我只能把台指期每天的5分K線圖列印下來,然後註記當天的資訊,再從過往的走勢裡尋找相似點。就這樣一步一腳印、反覆好幾年,簡單講就是土法煉鋼。

但因為交易技術還很生嫩,且年紀尚輕、容易情緒控管不當,所以我常常領了薪水後沒多久就輸光了。不過個性決定命運的發展,我還是持續邊上班、邊研究K棒的奧妙之處,並且不斷進行交易,從失敗中獲取經驗,幾年下來,終於搞懂了些什麼。

如果要直白地解讀股市的所有波動,無非就是「邏輯與慣性」而已。自此,我終於慢慢開竅了。

成熟,領悟股市的關鍵邏輯和運作慣性

離開投顧公司之後,我又輾轉接觸到地下期貨(和沒有合法經營許可的期貨商對賭交易,可能在賭贏時因組頭跑路拿不到錢,也可能在賭輸時遭到暴力討債),這在當年是非常流行的投資管道,成交金額是市場的20倍。藉此我了解到地下金融可怕的一面,操

作也更謹慎與保守，然後開始了我長達 10 年的熟成之旅。

我首先把學歷補到專科，並且進行房地產投資賺錢，期間仍持續不斷交易、研究期貨，一心從邏輯裡尋找慣性、從慣性裡尋找邏輯。每天很少睡覺，醒著的時候，腦袋裡想的都是 K 棒，甚至連睡覺都會夢到 K 棒。

一段時間後，我發現股市並不是無法預測，只是需要找到關鍵邏輯，以及運作的慣性而已。一旦領悟了這些，感覺就像是原本灰濛濛的雙眼，突然之間獲得光明，一切都明朗了。於是我開始在閒暇之餘寫文章，分享我對股市的看法，累積了不少的粉絲。

傳承，讓投資圈不再只是猜漲跌的賭場

某日，我輾轉得知我貼在某網站的分析文章，被轉載到其他理財網站上販賣圖利，便立刻寄信過去要求下架，更順勢在該網站親自發文，進一步開啟了成為老師的這條路。後來，我與志同道合的幾位友人，共同創立了「嗨投資理財網站」，不僅自己設立學院、投身教育，尋找優秀的老師做教學傳承。

在這裡，必須提到嗨投資的負責人管先生，他是開啟我人生轉折的重要推手，也扶助對電腦一竅不通的我，在此路上順利進行；另外，還有我的群益期貨營業員琪琪，這些年來看盤軟體遇到問題時，她總能快速處理，特此銘謝。

一開始我不太習慣做教學，畢竟一直都是自己獨自操作，也不知道該怎麼教，因為經驗充滿大量的感覺因素，很難用白話說明；但畢竟要做教學，便需要將經驗做系統化的整理。

於是我花了很長的時間，把自身這些年的操作經驗，轉變成更制式化的技巧，同時再開發延伸出許多分支，例如書中提到的招搖K、試單（靶心理論）、日價差、均線邏輯、二分之一理論，還有價位對稱理論、時間波、獅王貼屁法等，諸多技術與名詞都已廣泛地被運用在投資界。

所以，我也很感謝我的學生，如果少了他們的學習熱忱，我也無法將自身的經驗轉化為技術傳授下去，而投資圈若是少了經驗與技術的傳承，就永遠只是個讓人猜漲跌的賭場而已。

授人以魚，不如授人以漁

從事教學幾年之後，承蒙投資人好評不斷，我在臉書社團無意中的預測走勢發言精準，又吸引到了我現在的太太——也就是Queen怜，成為我的學生。

她非常努力，起初完全不懂台指期，也是土法煉鋼按照教學去摸索，不懂再發問，到現在當沖程度已經超越我太多了，也成為了獨當一面的老師，繼續傳授她的技術與經驗。

給予我回饋的學生之中，有的同樣成為老師，有的將操作技巧活用在股票上，有的已達成人生目標，過上穩定的生活。所以說，只要認真學，一方面可以改善生活，另一方面可以將所學延伸到很多領域，嶄露頭角。

這驗證了一件事情，也是我很愛的一句電影台詞：「追求卓越，成功自然找上你。」

「成功」看似一個名詞，其實是一個動詞，也是一個撲朔迷離

的過程，看不見也摸不著，但是當你滿足了必要的條件以後，它就會悄悄降臨在你身上。在追求成功的路上，不要在意旁人的眼光，沒人有資格告訴你：「你做不到。」包括你的親人。除非你自己不願意。

如果你問我，做期貨投資期間最大的收穫是什麼？我會告訴你，我賺最大的並不是財富，而是財富也換不來的終身伴侶與成就感。

我命由我不由天，再給自己一次學習機會

驀然回首，教學這些年來我在做什麼？其實很規律。

每周一到五陪著學生，從早上 8 點 45 分開盤，進行盤中 5 小時的討論教學，回答學生遇到的操作問題，偶爾分享生活上的點點滴滴，一起操作，一起聊天互動；晚上 8 點到 9 點錄直播影片解盤勢，並且檢討學生操作，日復一日沒有間斷過，就這樣過了 10 年。

這些學生就像是我的家人，各種個性或年紀都見識過，有些從年少陪到成家立業，有些從壯年陪伴到雙鬢漸白，而我也習慣了這樣的生活方式，平淡、怡然、自得，人生不就是這樣嗎？

從事教學這麼多年，我始終沒有一本個人著作，將我的邏輯記錄下來，一方面是因為忙碌，另一方面是因為邏輯之間都息息相關，一時之間也不知道該如何下筆，拖著拖著也就呈現「佛系」狀態。

既然說是佛系，那當然隨緣了。這次的緣，包括我太太的提議與鼓勵、學生們的殷殷期盼，以及嗨投資小編協助彙整資料，最後還有出版社的肯定，終於讓這本書得以問世，可說是少了誰都不行。

有鑑於坊間有著許多從零開始教學的書籍，網路上也有大量入門資訊可以參考，因此在書寫本書的過程中，我更著重於已開始操作投資人的問題。思及形形色色的學生，針對共同的疑難之處，我特選了5項重要觀念與技術操作理論，各自形成一個單元，包括試單（靶心理論）、均線邏輯、二分之一理論、招搖K、日價差。當然，我的教學內容並不是只有這些，不過這些是相對容易理解的。

・**試單（靶心理論）**：一次好的操作，其實從下單那一刻的心態就決定了。有人太過自信，認為出手一定要賺，結果遇到虧損就慌了；也有人太沒自信，總是不確定何時出手，結果只能眼睜睜看著好點位跑掉。如果懂得靶心理論，自然知道怎麼調整自己的進退SOP，把握勝率最高的位置。

・**均線邏輯**：屬於投資人們最熟悉、卻可能沒有完全善用的觀念技巧，不但操作期貨能用，做股票也用得到。

・**二分之一理論**：這是一個非常強大的理論，僅憑肉眼就能判斷，而且用途廣泛，要用在K棒、趨勢段、缺口都可以，是操作的輔助利器。

・**招搖K**：這是我獨創的名詞。在台指期中很常突然來了根大量K，看似表態趨勢要往那個方向衝了，吸引不少投資人追價，實則在招搖撞騙，很快就往反向走，讓大家措手不及。了解其背後邏輯，以後遇到就會應對了。

・**日價差**：這也是我獨創的概念。在我之前，幾乎沒有人去研究台指期的日價差，或甚至想到這可能也有慣性可言，進而加入思考，研判還有利潤可賺的機會高不高。

最後，我會利用兩個單元，先說明新手、老手、高手階段，應

該具備的投資心態，以及應該注意的地方，接著解答許多投資人會面對到的問題。

這些心態面的分享或許是老生常談，但之所以是老生常談，就是因為始終重要，大眾或多或少有忽略的地方。我希望我不只是點出問題，還要解析這些問題、抓出問題核心，再提出解方與邏輯，未來大家遇到類似的狀況，就有能力隨機應變，而不只是一個口令、一個動作。

我不會大言不慚地吹噓，看完這本書一定可以獲利多少，但本書的內容，都是我在教學過程反覆提醒學生的，而這次或許真的有機會幫助你，不論你是初學者，抑或是投資老手。

有緣與本書相會，我自然希望各位讀者有所收穫，即使過去曾經失敗，但沒有跌倒過的人生不叫人生，所以不妨再給自己一次機會，靜下心學習、實踐、調整，最終達成逆轉勝，一如我的人生座右銘：「我命由我不由天。」

目錄

推薦序 … 002

作者序 … 005

PART 1　試單（靶心理論）
試單如打靶，要有嘗試的彈性

不是不能虧損，是要虧損得有意義也有限制 … 019

進場不設停損，跟賭博沒兩樣 … 021

試單得有理由，原因越多，機會越大 … 024

靶心理論，在靶面上都能試射 … 031

每個地方都想試單？練習一天最多進場 6 次 … 038

PART 2　均線邏輯
平均成本，具有助漲、助跌性

雖是落後指標，卻能預測未來 … 044

判讀趨勢？觀察均線角度與位置 … 046

均線要有參考意義，需具備三個條件 … 051

夜盤操作，該參考一般盤還是全盤均線？ … 058

個人獨創——三降（升）穿理論 … 060

跳空順刀操作法，於均線順勢操作 … 064

PART 3 二分之一理論
中間即平衡位置，大小趨勢皆能抓

搭上法人順風車的股票布局邏輯 … 073

二分之一無所不在，非重複籌碼越多越穩定 … 077

善用黃金分割率，抓出容許範圍 … 087

遇到跳空缺口，哪裡接單勝率最高？ … 092

時間級數影響強度，時間長度影響位置 … 094

備好工具箱，才能應對更多情況 … 103

PART 4 招搖 K
看似要大漲、大跌，其實準備走反向

招搖 K 越大根、影線越短，越有說服力 … 114

平平都是招搖 K，反轉力道為何不同？ … 116

等待 3 根 K 棒，招搖 K 自己會承認 … 121

依個人主／被動操作，抓住反轉動能 … 126

招搖 K 越早出現，反向利潤越大 … 129

PART 5　日價差
每天的價差多寡，也有些慣性可抓

股價影響大盤，大盤帶動期貨 … 136

加權指數位階、盤型大小，都是日價差變因 … 143

與成交量正相關，結算日常有例外 … 148

統計數據，用高機率輔助高勝率 … 152

連續小型日價差後，容易出行情 … 157

冷氣不是天天用，但還是有用 … 167

準備好了，市場永遠都在 … 171

PART 6　各階段對於投資的正確想像
新手、老手、高手要注意的事並不相同

你是新手、老手還是高手？ … 176

新手期：學習知識與技術，滿足基本操作條件 … 180

老手期：學習紀律，穩定獲利 … 190

高手期：修正心態，攻守兼具 … 193

PART 7 操作核心問答
要想解決問題，得釐清問題的源頭

核心問題 1：接下來還會不會漲／跌？ … 200

核心問題 2：為什麼總是賺小賠大？ … 207

核心問題 3：能不能別賠錢？ … 212

核心問題 4：操作到底要學什麼？ … 215

操作期貨的 10 大忌諱 … 219

附錄：看盤軟體參數設定指南 … 226

PART 1

試單（靶心理論）

試單如打靶，
要有嘗試的彈性

> **里長伯廣播**
>
> ★ 成功的祕訣有三條 ★
>
> ★ 第一，盡量避免風險，保住本金 ★
> ★ 第二，盡量避免風險，保住本金 ★
> ★ 第三，牢記第一、第二條 ★

在選擇投資商品之前，投資人都會先做功課、爬文找資料，心裡懷抱財富自由夢想的同時，對於該商品也會有一定的理解，較常被拿出來討論的，莫過於股票和期貨。

選擇做什麼，跟每個人的條件息息相關，例如本金多寡、風險承受度、自身個性等。市場上的流派也相當多元，各家都有可以肯定的地方，找到適合自己的最重要。畢竟做股票和做期貨的初衷，不用說，都是獲利賺錢。以我二十幾年的操作經驗來看，做股票講究趨勢，做期貨則因為要考慮結算轉倉的問題，所以更注重**操作的策略**。

比方說我個人在進入操作之前，都會先思考到：「觀察均線的壓力，在哪個位置『試空』勝率較高，停損大約設多少點」，或是「在回測盤整區的支撐位置可以進場『試多』，具有籌碼合理性」等。盤還沒走到之前，就先想好觸發的位置，這就是一種操作策略。**我們要思考的，除了怎樣擬定策略勝率較高，且邏輯與合理性較強，也要考慮到策略的準確性與風險性。**

策略有高勝率，即可進場試單

實際進場時，要抱有「試單」的概念——試，嘗試也，也就不是百分之百，畢竟所有判定都不是「絕對性」，是一種「相對性」。

當擬定的策略有著一定準確性和合理性，同時具備相對高的勝率，那麼就可以進場試單，並依照固定的 SOP，設定合理的停損。一旦不成功就小損退場不留戀，成功就按照策略去衍生操作、設定保本。

但大部分的投資人，不懂「試單」的意義，只知道大家看多就做多，大家看空就做空，又因為不想很快停損，損點會放得很大，最後方向沒看對，導致試單變套單，小虧變大賠。

不是不能虧損，是要虧損得有意義也有限制

既然試單結果並非百分之百全對，那擬定策略有什麼用？

要知道，在投資市場，利潤與風險總是相伴而行，身為普通的小散戶，要怎麼比得過控盤的市場主力呢？在期望出現獲利之前，**我們要先學會控制風險大小**，你才能保有持續的戰力，這是進入投資最基本的觀念。

許多剛踏入市場的投資人，把操作視為賭博，永遠有著「之後一定能翻盤」的念頭，即使虧損也不停手，最後希望可能變絕望，資金耗盡、畢業出場，更糟的是因此負債累累，連累家人。

那要怎麼控制風險？一般交易會有四種結果：大賺、小賺、大賠、小賠，當我們設定停損，將虧損固定住，等於把大賠的路堵住，我們只可能大賺、小賺或是小賠，風險就降低了（見圖 1-1）。

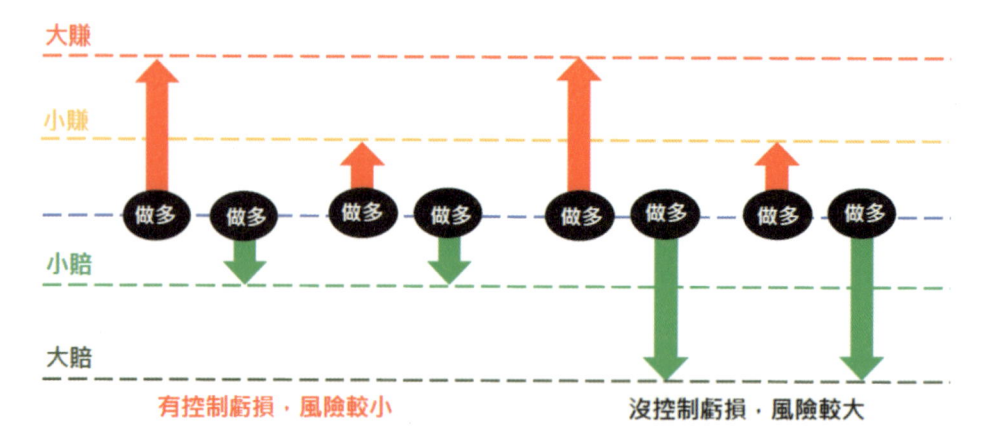

圖 1-1　控制虧損，就能避開大賠、降低風險　　　　　　　資料來源：作者提供

　　控制虧損，實際上也是擬定策略的一環。當我們擬定完合理的策略，擁有不同的方案，接下來就是等待——等待設定的時間點到來，然後進場操作。

　　萬一策略不對、價位不好，立刻小損退場，改用另一套策略，或是另一組價位試單。如果價位計算正確，抓到關鍵低點與高點，就按照SOP操作，抱到的獲利動輒百點以上，停損頂多十幾二十點。

　　有些投資人很介意停損，覺得就是賠錢，但我常提醒學生：「不是不能虧損，而是要讓虧損『有意義』。」例如前面的例子，**用停損 20 點的風險，換取獲利百點的機會**，值不值得？我想應該很多人願意嘗試，這就是有意義。

　　相比之下，用停損 20 點的風險，換取獲利 15 點的機會，這個選擇的 CP 值太低，大概沒什麼人願意接受。風險過大的虧損，還有未經分析導致的虧損，都算是無意義的虧損。

賺錢繼續，沒賺就依 SOP 停損

投資應保持靈活，不能把事情看死，任何訊號都不是絕對。一般來說，虧損主要來自於無預期或是超過預期的走勢，也就是人工控盤，市場主力如果有心要騙人，我們是不可能識破他的手腳的。

有句俗話說：「投資人就是小蝦米，對抗市場這個大鯨魚。」控盤者與散戶對抗的概念，無非就是莊家與賭客的立場，莊家開設一間投資賭場，吸引賭客入場投資，莊家會讓賭客賺小錢，然後賠大錢。投資市場的籌碼就是一個買、一個賣，一個賺就一個賠，不會、也不可能大家都賺或者大家都賠，因此準備工作就需要很完善了。

我一直強調，想法上不要有絕對性的堅持。我們試單時，就是在試一個想法，只要走法讓試單賺錢，做法就能持續，進而證明想法的合理性，沒賺就依照 SOP 停損。

簡而言之，**想法產生做法，走法驗證想法**。我們所學到的技巧，都是在輔助觀察想法與做法是否正確。

進場不設停損，跟賭博沒兩樣

萬一擬定的策略都不如預期，一直試單停損，不是也會賠很多嗎？這是當然的，所以身為操作者，要不斷提升自己的能力，不是看幾則新聞、聽聽籌碼、畫幾條線，就認為都學完了。要是操作如此簡單，那台灣滿街都是法拉利了。所以，維持謙卑的心態不斷學習精進，在這條路上才能走得長久。

前面提到，策略的重點在於以相對少的虧損，換取大獲利的機會，那麼在什麼位置試單，得以承受最少的風險，就是操作的關鍵。

而抓價格這個能力，往往要累積多年的實戰經歷，才磨練得出來。

假設看漲好了，某個媒體老師說：「現在價位是 17,950 點，後續預計會突破 18,000 點，而 17,900 點是相對合理的支撐，只要做多等突破 18,000 點就好。」在媒體老師這樣掛保證下，做多一定會賺嗎？萬一跌破 17,900 點，一路拉回到 17,800 點才上去 18,000 點，雖然的確突破了，但在 17,900 點買進多單的投資人，有辦法凹個 100 點不停損嗎？

凹單 100 點，做 1 口小台是承受虧損 5,000 元的壓力，做 1 口大台就是 2 萬元，而且波動過程中還不一定站得回 17,900 點，在這樣的心理煎熬下，如果是你，願意凹 100 點嗎？

如果可以接受，那我女兒高中還沒畢業，也可以出來當老師，說句「本多終勝」就教完了。更別說我假設的情況裡，是因為有拉上去才解套，萬一媒體老師的看法一開始就錯了，痴痴地等到結算也沒用。

▎依個人策略、資金決定停損點

除了分析試單位置以外，停損要設多少，也是操作的細節。畢竟單子一進場，帳面就產生損益，若心中沒有虧損的可能性，總是不設停損，那就算真的凹單成功，也稱不上操作，不過是賭博罷了。

至於應該設幾點停損，沒有一定的答案，10 點、30 點都可以，資金大一點的，也可能設到 50 點。我甚至還看過有人凹單凹到賠 1,000 點都不停損，但這只是在賭氣，而不是做操作了。所以要依照個人的操作策略、資金大小，甚至個性，來決定停損的尺度。

有先試著分析盤中適合試單的位置，加上有沒有抓到關鍵 K

棒、有沒有走出「速度盤」，對於投資人的盈虧都影響很大。

什麼是速度盤？簡單來說就是漲跌速度快的盤，特色是5分K容易出連續長紅或連續長黑，成交量也比較大，短時間拉開一定價差，投資人在盤中容易情緒性追漲追跌。期貨開盤後半小時，易出現短時間速度盤，但因為剛開盤，後續走勢變數還很大，不能看到前半小時漲很多，就認定今天一定收紅，後面也可能反轉一路向下。

與之相對的就是緩速盤（烏龜盤），漲跌速度慢，成交量也較小，需要更長時間才能拉開一定價差，例如速度盤15分鐘就能拉開的價差，遇到緩速盤可能會拖半小時以上，導致投資人進出的速度變慢。因為價格都在差不多的地方，即使試單做對，利潤也不多，做錯的話則會因為走勢不乾脆而一直賠。

反觀速度盤，走勢快又明確，試單做錯的人就會很乾脆停損，做對的話也能很乾脆地賺到一段價差。

> **速度盤＋試單做對＝爽　賺**
> **緩速盤＋試單做對＝小　賺**
> **速度盤＋試單做錯＝小　賠**
> **緩速盤＋試單做錯＝一直賠**

許多細節會影響到投資人的操作狀況與信心，我們只能盡量讓想法多元化、操作單純化，剩下看運氣，感覺不好做的盤就放掉，免得多賠、降低了獲利；有機會的盤就試一下，用短損買個機率，操作說穿了就是這樣而已。

試單得有理由，原因越多，機會越大

那決定試單的基準是什麼？在回答這個問題之前，請大家先想像一下，自己面前有一張被蓋住的撲克牌，不過蓋得不是很好（見圖 1-2）。

如果莊家跟你玩猜數字，在隱約看見數字左上角有一小塊空白的狀況下，猜哪些數字的勝算最大呢？有可能是 4 嗎？只可能是 2 或 3 對吧！會想猜這兩個數字的人應該也最多。

投資就很像猜數字，**利用現有線索，分析出最有可能出現的狀況，並依此擬定行動。**

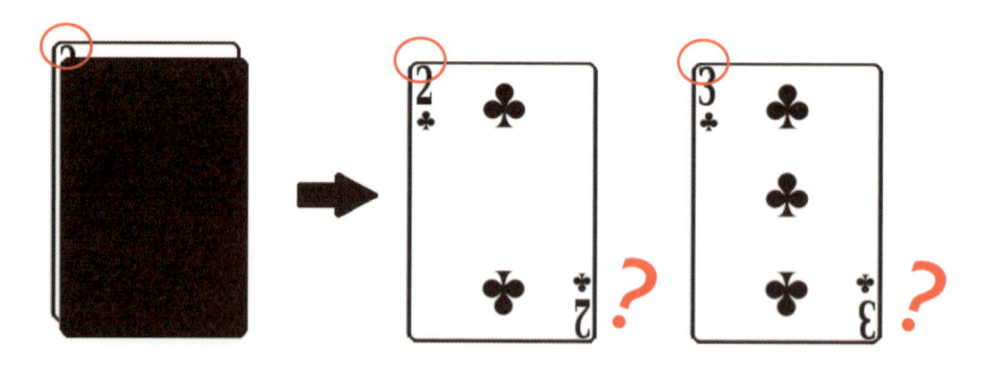

圖 1-2　擬定策略，根據線索推斷出最有可能的結果

那猜 2 就一定會出現 2 嗎？也可能其實是 3，反之亦然。我們在答出可能性最高的答案時，也不能忽略「答錯」這個結果，而這個結果放在投資市場，就是所謂的虧損風險。

接著再想想看，如果突然一陣風，把蓋著的牌又吹開了一點如圖 1-3，那你會想猜什麼數字？

不只是左上角有一小塊空白，連中間的小橫槓都看到了，那最

有可能是 3 吧！分析評估就像這樣，儘管盤勢比撲克牌來得複雜，還存在人工控盤，但邏輯相同——線索越多，判斷成功的機會就越高。

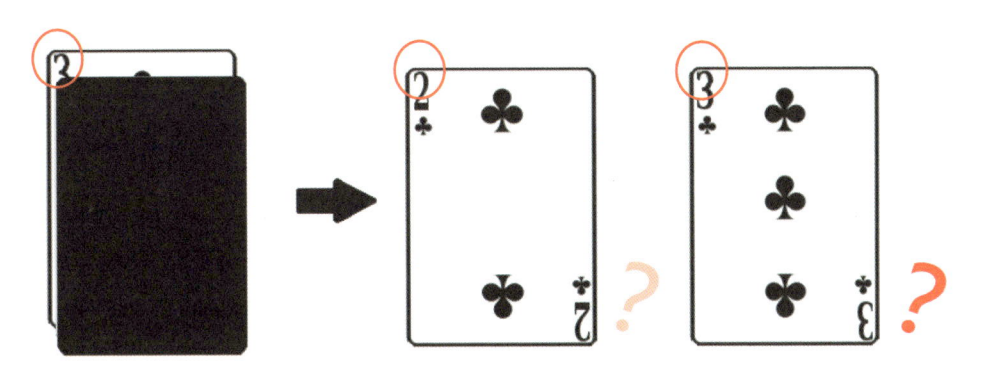

圖 1-3　線索越多，判斷成功的可能性越高

放到操作上，對於試單，除了「我要不要在這裡試單？」這樣二選一的選擇題，我們可以思考成申論題：**「這個位置值得我試單嗎？可能性有多高？獲利空間有多大？」**這才是操作邏輯的重點。

無論是利用均線價格、價位計算與對稱、日價差等資訊與技能，我們都要快速地整合分析，判斷出試單位置：獲利機會大不大？利潤有多少？再決定要不要試單。如果覺得機率高，就去試，覺得不高就不動作。

試單 SOP 與邏輯

分析	行動	應對
評估機率高的進單位置，明白自己做多或做空的理由。	試單。	不成功就停損退場，成功就依策略停利，用小損換大賺的機會。

舉例而言，2021年6月25日9點25分的5分黑K縮腳（見圖1-4），下一根K棒往上翻紅，確認左邊漲幅的二分之一有守（二分之一是重要撐壓位置，運用時機廣泛，詳細說明請見單元三）。這樣一來，於紅K還在震盪的過程中，能找到三個理由試多：

1. 出縮腳K，表示跌下去又被買上來，算是多方的力道，不過這根下影線沒有很長。
2. 前幾根連續紅K可以視為一大根紅K，如果後續跌不破它的二分之一，表示往上的動能還沒完。
3. 往上翻紅沒破低，有機會轉漲勢。

而後續實際上漲了近80點（見圖1-5），要是主動買在較有優勢的價格，利潤自然更高。即使未上漲，翻紅後又出黑K打到停損，以一、二十點的停損來看，還是很值得嘗試。

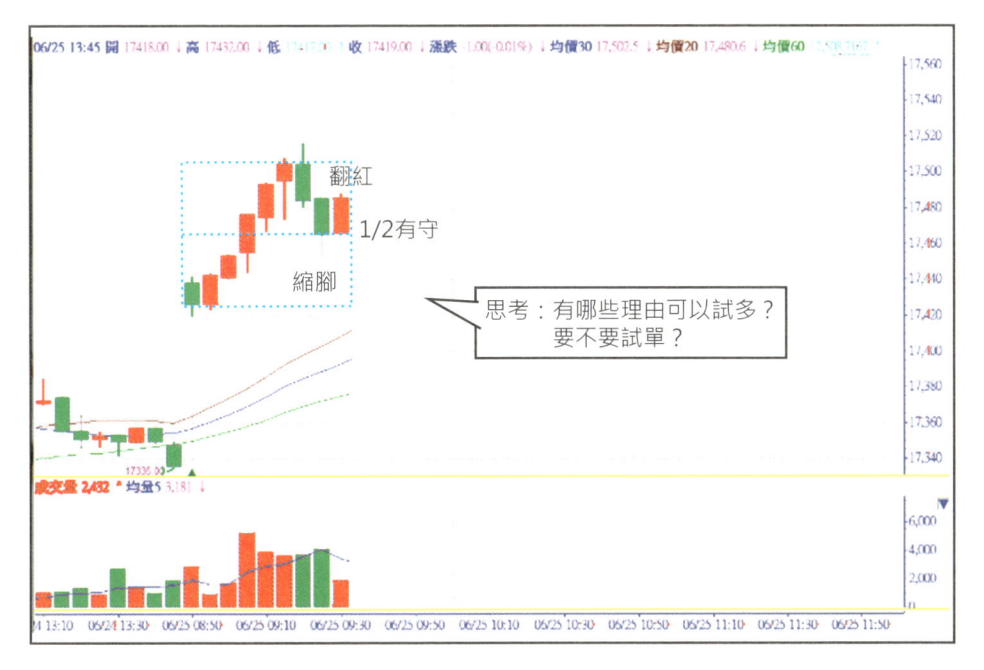

圖 1-4　分析試單原因，再決定要不要試單　　　　　　　　　資料來源：元大點金靈

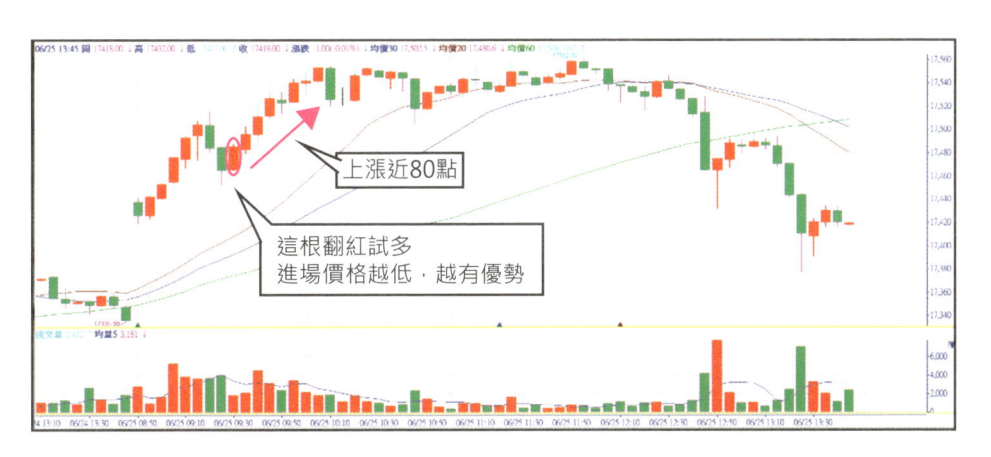

圖 1-5　2021 年 6 月 25 日 5 分盤，試多後盤勢上漲　　　　資料來源：元大點金靈

再看一個例子，2021 年 3 月 17 日 11 點 40 分的 5 分 K 出量走出一根長黑 K（見圖 1-6），之後雖有破低但無續跌，第三根甚至出現紅 K，表示前面的長黑 K 很有可能是「招搖 K」（招搖 K 指大根實體 K 棒，看似要表態，實際卻走反向，詳細說明請見單元四），這樣要不要進去試多？

答案是可以試，也可以不試。

你看著長黑 K，發現做空利潤拉不開、甚至不超過長黑 K 棒實體的二分之一，因此判斷為招搖 K，那當然可以試多。像這樣主觀認定是招搖 K 的人，可以盡量在下影線附近主動進單。

或者，你可能認為長黑 K 出現後沒續跌，單憑這個試多理由還不夠，加上上面有壓力，於是選擇不試多單，繼續嘗試空單，這當然也可以。而選擇等待多方訊號再被動進場的人，可以在長黑後第三根紅 K 吞過前一根黑 K 時，以市價買進，然後設出合理的停損點。

操作，也就是對盤勢的應對，都會因為採取主動操作或被動操作、波段或當沖、資金多或少，而有所不同。只要操作符合 SOP，那就是合理的，沒有誰對誰錯。

往下利潤
不到長黑K棒的1/2

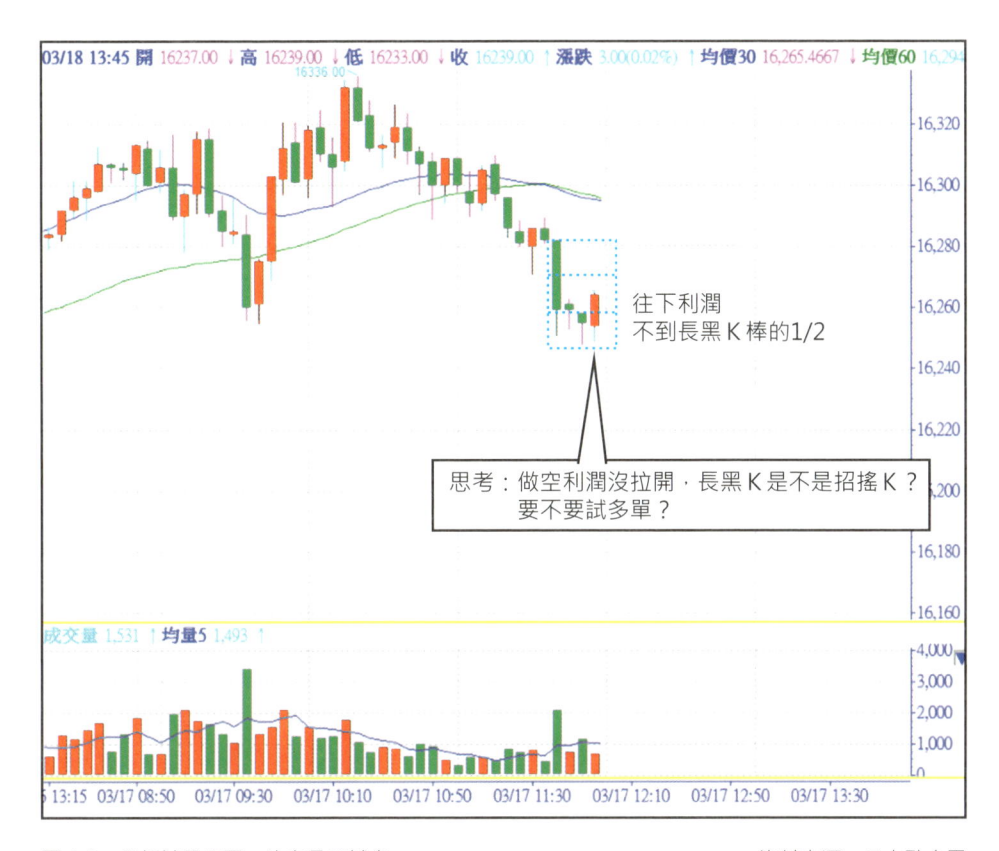

思考：做空利潤沒拉開，長黑K是不是招搖K？
要不要試多單？

圖 1-6　分析試單原因，決定是否試多　　　　　　　　　　　　　　　　資料來源：元大點金靈

圖 1-7 是圖 1-6 接下來的走勢。

可以看到，接下來幾根 K 棒始終壓在出大量長黑 K 實體的二分之一下，上漲力道沒有太強，就算稍微探出頭，下一根馬上就出黑 K 吞過，由此推知上面的壓力不小。手上握有多單的人，**一旦發現進場理由消失了，就應該退單。**

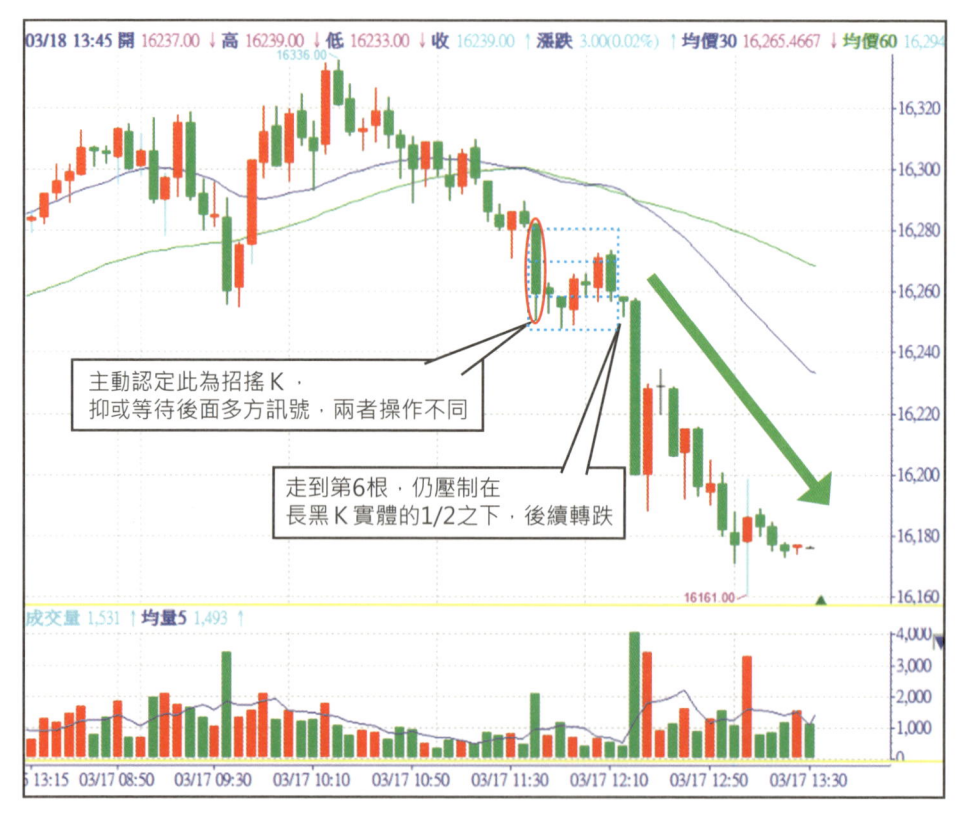

主動認定此為招搖 K，抑或等待後面多方訊號，兩者操作不同

走到第6根，仍壓制在長黑 K 實體的1/2之下，後續轉跌

圖 1-7　2021/03/17 的 5 分盤，試多後盤勢下跌　　　　資料來源：元大點金靈

PART 1　試單（靶心理論）

靶心理論，在靶面上都能試射

我們已經知道，試單要有理由，而且理由越多，成功可能性越高，這概念跟打靶很像。

對一個射擊新手來說，是一擊就要正中靶心比較簡單，還是先試射過抓手感，再調整位置後正中靶心比較簡單呢？我們都不是神射手，第二個選項顯然更符合我們的情況。

經過分析評估，那個想要出手的位置，亦即我們設定的「靶心」，一旦目標進入靶面，就要隨時準備出手嘗試。在射擊訓練裡這叫做「冷射」，用以暖槍，畢竟我們設定的靶心，不見得是目標真正停留的位置，所以才需要「靶面」，增加容許嘗試的範圍。

每個人習得的操作技術不同，心裡預設的試單位置也不同，換言之，**大家設立的靶心不會一模一樣**。當價格準備進入靶面範圍，就應該提高警覺，等真的進入靶面就可以試單，我將它稱為試射區（見圖 1-8）。

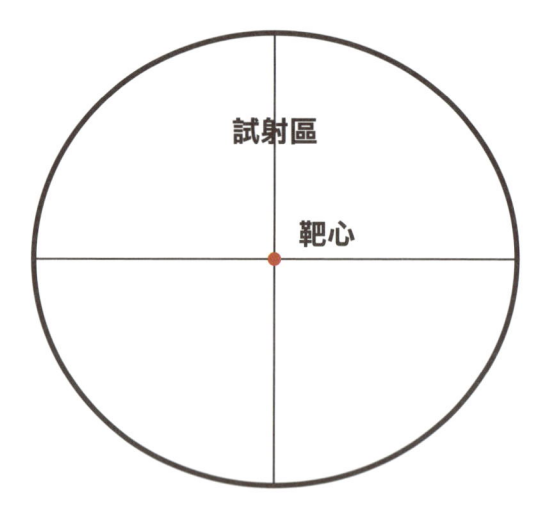

圖 1-8　靶心理論的區分範圍

試射區

落入這個區域，都能嘗試進單，但可能進在比較高的位置，也可能進在比較低的位置。萬一發現自己不具有價格優勢，要有自覺容易被洗盤，這樣要嘛第一時間重做，要嘛趕快轉保本。

靶心

也就是進單的理由。例如我認為 MA30（30 均）有支撐，那 MA30 就是我試多的靶心；整數價格有壓力，那整數價格就是試空的靶心。

PART 1　試單（靶心理論）

▎以操作時間周期決定靶面範圍

至於靶面要如何設定範圍,取決於操作的時間周期大小、套利範圍、資金承受度等。例如一樣操作台指期,A 做的是波段、追求一次大筆獲利,B 做的是當沖、每次有賺就跑。兩人看待 50 點停損的態度就不一樣,A 覺得 50 點停損範圍太少,沒必要抓這麼小;B 則覺得 50 點停損太多。

靶心理論要運用到多細或多好,端看個人運用的熟悉度和對盤勢的掌握度。靶面可以設小,當然也可以設大,設越小越難做、容易被洗,設越大越簡單,但停損空間大,兩者各有利弊。

還不熟悉操作的新手,由於資金不多,受不了一直被打停損,但又不太會抓價格,我建議把靶面設大一點,**靶心上下各 20 ～ 30 點,共計 40 ～ 60 點**。

當然,靶面 40 ～ 60 點只是個基礎模板,隨著經驗累積,我們可以逐漸縮小靶面,有效提高準確率。

以 2022 年 5 月 10 日的台指期 5 分 K 為例（見圖 1-9 左側），可以看到 10 點 30 分走出一根大紅 K，後面即使回測，卻也沒有跌破紅 K 最低點。要知道，大根 K 棒往往會帶量（成交量大），而有量的價格不容易被破壞；這裡可以想成大紅 K 底下，已經有空單打底當墊背了，所以跌不下去。

隔天 5 月 11 日（見圖 1-9 右側），再次往下回測前一天長紅 K 開盤價，若判斷支撐力量還在，那麼開盤價就是我們的靶心，圈起處都是合理的試多位置。

前面提過，目標不一定會走到設立的靶心，台指期的價格震盪也是如此，有時高於靶心，有時低於靶心，靶面的用意就是在靶的範圍裡，都能夠接到。

比如圖 1-9 第二個圓圈，就高於我們的關鍵價位，若只想在靶心價格做多，那是買不到的；至於第四個圓圈，跌破了關鍵價位，若只想在靶心價格做空，可能剛好打到停損。

圖 1-9　在合理支撐區試多　　　　　　　　　　　　　　　　資料來源：元大點金靈

PART 1　試單（靶心理論）

但若標示上下各 15 點的靶面如圖 1-10，就發現第二個試多位置的影線，進入了靶面試射區；第四個試多位置，若進單在靶面下半部，價格更有優勢。

圖 1-10　進入靶面範圍，就有機會試多　　　　　　　　資料來源：元大點金靈

從壓力源頭規劃損點與試單次數

話說回來，試單也可能賠，那要怎麼設停損呢？我們不妨逆向思考，從「輸多少會有壓力」推算。

試想，以自己現在的收入，一天虧損多少會給你帶來壓力？假設 3,000 元，以小台 1 點 50 元來看就是 60 點（新手也建議從小台練起），一天總共試單 6 次的話，每次停損就是 10 點。**新手時期，最大虧損抓 3,000～5,000 元比較好。**

對我來說，**沒有賠都可以不算入試單次數**。沒有特別規劃、想要平均操作的人，**同一個靶面盡量不要試單超過 3 次（2 次更佳）**。超過表示靶心設定得沒那麼理想，如果真的抓得很好，只要試單一兩次，大概就會賺了，也不需要一直試單。

此外，同一個價格大可不必一直試單，如果被洗掉，要嘛調整價格，試在靶面上半部或下半部；要嘛等個 10～15 分鐘，在其他根 K 棒再嘗試。

前面提到，操作初期可以將靶面設為 40～60 點，不只是點數可以上下均分各 20～30 點，**試單次數也可以上下各分配一次。**

上下均分是最中性的做法，比較有經驗和想法的投資人，假設認為機會容易落在上半部，想集中在上半部試單，甚至增加上半部的點數範圍、減少下半部的點數範圍，都能夠彈性調整，反之亦然。

鑑於每個人的經驗不同，使用的停損點和靶面大小一定不同，加上盤勢走法有很多種，試單次數勢必會調整。

假如對某一天的某個位置特別抱有期待，認為有九成機率支撐，不想錯過上漲行情，就可以給自己多一點試單機會和停損空間；

若靶心的符合條件較少,所具意義較小,也不一定要試單。當我們把施力點放對,就可以有效降低做錯的虧損與次數。

以我個人當沖而言,靶面上下範圍通常加起來約30點,但因為我有辦法把試單位置估得比較細,所以傾向接極端一點的位置,這樣損點就能設得更小,有時甚至5點就停損了;再加上有在盯盤、反應即時,當日操作次數可以多個2趟。

不能一味做多或空,要有反市場思維

然而有的時候,除了大根K棒的支撐以外,還會多考慮一些因素。

例如前面圖1-9的例子,5月10日之所以在那個位置有強力的支撐,可能是因為那天剛轉強,且當天投資人籌碼集中在空方。投資市場是對做的關係,有人買、有人賣,才有辦法撮合,而主力會鎖定大部分投資人的操作部位來反向套利,所以一旦套單完成,軋空(投資人預期下跌卻大漲,被迫以高價平倉)的速度就快,且軋空尚未結束以前,支撐都是稍縱即逝。

隔了一晚之後,投資人籌碼有所改變,操作或許也會變化,昨天偏空的今天變成偏多。你可能昨天大漲沒有上車,又認為今天盤勢偏多,於是早早進單做多,可是獲利的是昨天大漲做多的那一批人,他們或許今天就平倉了,導致支撐區變弱,進一步下修。

這類評估有依據嗎?沒有,只是不能忽略有這樣的可能性。要說被害妄想也挺像的,估錯了是神經病,估中了就是神,一線之隔。

如果不這樣假設思考,有時會遇到意想不到的盤。比如圖1-11,前一天強勢上漲,如果隔天用面對強勢盤的方式去做多,反倒會一

直停損，停損到撐不住了才翻多，顯然就是控盤的結果。

不過這不難觀察，只要記住一句話：「**好的買賣點都是一、兩次機會，一直來的就不是很好。**」如果你是控盤者，會給很多機會讓投資人上車嗎？如果會，那你人滿好的。但真正的控盤者，往往只會把絕佳機會安排在一瞬間，沒做到的人越多越好。這也是為什麼我前面說，位置抓得好的靶面，試單一、兩次就會賺了。

換個角度來看，當你在某個低點做多之後，雖然一直出止跌 K，卻也沒有往上拉，價格始終在買進的低點徘徊，這時就可以先退，因為主力實際上可能並沒有要拉抬。

圖 1-11　強勢盤隔天也可能走弱，讓多單賺不到利潤　　　　資料來源：群益贏家策略王

每個地方都想試單？練習一天最多進場 6 次

有些投資人急著想賺錢，看哪裡都像靶心，有經過分析還無所謂，最怕的就是進場理由薄弱，結果停損到懷疑人生。

其實，不只單一靶面上的試單次數要分配，靶心本身的位置也要分配，就如同射箭場配置，每靶的箭數固定，靶與靶之間也有一定距離。

針對當沖操作，我會建議把日盤 5 個小時區分成前、中、後三段，每段試單 1～2 次，視情況調整，如此大概操作 3～6 趟（見圖 1-12），把試單次數盡量壓縮在 6 次，操作分布在不同時間段。

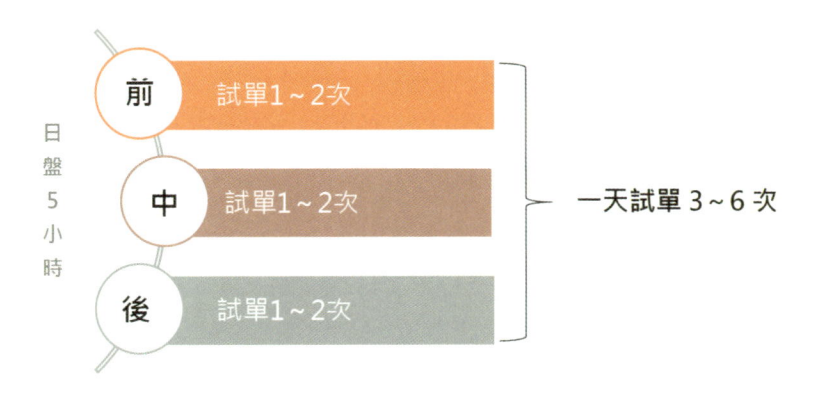

圖 1-12　練習一天試單 3～6 次

這樣的優點是，除了單日直上大漲盤或者單日直下大跌盤，三個時段一定會出現一個低點或高點轉折，抓到了就抱住，然後搭配日價差（日價差是我獨創的概念，詳見單元五），看能不能一單就賺百點起跳，停損盡量控制在 10～30 點。

由於沒有絕對成功的做單方式，所以我們盡量把操作紀律化，自己去分配進場的時間或是價格帶，然後平常搭配價位計算的練習、框型與二分之一的觀察與理解、對稱的比例、百點的慣性、均線的位置……總之就是各種不同的技巧，來輔助操作。

控制進場次數是比較基本的部分，會賺錢的點位，試單一、兩次大概就會賺了。太靠近的時間或是價格，也不用一直試單，畢竟靶心要是抓得不好，不斷試單也沒用。

最後要提醒大家，面對每一天，心態都要記得歸零。昨天賺多少、輸多少，都是昨天的事了，今天又是新的戰場，不要被昨日的狀態影響到心情，該守的 SOP 還是要守──賺錢到設定目標後，記得「出金」，也就是把錢從保證金專戶轉出到約定銀行帳戶，不要想說多買幾口可以賺更多。

二十多年的操作與教學經驗告訴我，紀律是保命符，輕忽者遲早會畢業，只是早畢業和晚畢業的差別而已。

單元思考

1. 一個好的投資策略,應該具備什麼特質?
2. 什麼樣的虧損,才叫做「有意義的虧損」?意義在哪?
3. 試單的根據有哪些?失敗怎麼辦?
4. 何謂靶心理論?靶面範圍應該多大?
   可以無限射擊嗎?
5. 靶心數量怎麼分配?

PART 2
均線邏輯

平均成本，
具有助漲、助跌性

> **里長伯廣播**
>
> ★ 投資人並不需要做對很多事情，
> 重要的是不要犯重大的錯誤。★

　　「均線」（MA）對許多投資人而言，大概不太陌生，而它也經常被應用於實際操作。

　　最初均線是從股票產生的，而後才延伸到期貨上。計算方式是**將一段時間的收盤價加總平均，從而得到一條帶有趨勢性的軌跡**，例如日 K 的 MA5，就是把連續 5 天的收盤價相加再除以 5；5 分 K 的 MA20，則是把連續 20 根 5 分 K 的收 K 價相加再除以 20。因此均線能有很多條，只要設定時間段改變，出來的就是不同均線。

　　不論用什麼時間段去設定均線，都有其意義及合理性存在，至於實際運用時哪一個比較準確，並沒有絕對的答案。

雖是落後指標，卻能預測未來

　　由於**均線是平均成本的概念**，所以當價格上漲，均線價格就會偏高；價格下跌，均線價格便會偏低，而盤中因為價格還在波動，均線也會產生變化，因此當下觀察的均線價格，到了收盤多少會不一樣。

　　既然要先等價格出來，才能進一步計算實際均線，那麼說穿了，

均線實屬落後指標。然而，這樣的落後指標，卻可以預測未來，推估後續走勢。

前面提到，均線是一條帶有趨勢性的軌跡，當均線上揚，表示趨勢偏多，若有回測上升均線，就可以趁機做多；若均線下彎，表示趨勢偏空，可在反彈回測下降均線時嘗試做空。

一旦**趨勢力道越強，均線角度就越大（越斜），K 棒在回測均線時，往往具有一定支撐或壓力來助漲或助跌**，讓趨勢得以延續。換句話說，當盤面形成多方趨勢，K 棒一路上拉，均線連帶往上擴散，那麼 K 棒回跌時，均線就會有比較明顯的支撐；若是空方趨勢則反過來，均線會往下擴散，K 棒反彈時，均線通常會有明顯壓力。

萬一均線的角度不大，甚至是平的呢？可以想像成多空方在互相對抗，但尚未分出勝負，導致趨勢不偏漲也不偏跌，均線也不會有明顯角度，就像中立一樣，這時就不具備助漲助跌性。

均線特點

1. 可追蹤趨勢，隨著走多方勢上揚，走空方勢則下彎。
2. 角度越大，當下趨勢的力道越強。
3. 趨勢越明顯，回測均線的支撐與壓力越明顯，進而助漲或助跌。

判讀趨勢？觀察均線角度與位置

判讀趨勢時，我個人偏好觀察 MA60 的角度。而我在操作時，會觀察 5 分 K、60 分 K 和日 K，以下用當沖最常觀察的 5 分 K 舉例。

不同於 MA5、MA10 這些短期均線，MA60 的平均成本時間周期比較長，但又不到 MA120 這麼長。一旦 MA60 的角度明顯從持平轉上升，往往表示盤比較強，才拉得動這條中期均線，且畢竟是 60 根 K 棒平均的成果，要改變也不容易；一旦跌破 MA60，上升的角度便會開始慢慢轉平，要維持一段時間後再續跌，才會轉成下彎（見圖 2-1）。

因此，我們在抓多空轉折時，也要謹慎觀察 MA60 的角度，是上升或下降角度？轉持平？還是持平轉上升或下降？這些東西可以輔助操作，**如果大趨勢偏空，那就找機會做空；若大趨勢偏多，則找買點為主。**

圖 2-1　MA60 的角度隨著趨勢變化　　　　　　　　　資料來源：統 eVIP 全球版

至於均線角度，大致可以分成四類：多翻空、空翻多、多頭走法、空頭走法，一樣以觀察 MA60 為主。

多翻空

一開始價格走漲，會將 MA60 帶動往上，但多方力道沒那麼強烈時，MA60 的角度會慢慢趨緩，當價格跌破上升的 MA60，均線會開始轉持平，待價格反彈回 MA60 遇壓再往下破低，或甚至根本反彈不到就跌下去，均線角度就會轉成下降（見圖 2-2）。

圖 2-2　大趨勢由多翻空，MA60 角度從上升轉持平再轉下降　　資料來源：統 eVIP 全球版

空翻多

　　同為反轉，空翻多與多翻空正好顛倒，先是價格下跌，將 MA60 帶動往下，當空方力道減弱，價格往上突破均線，均線會開始轉持平，等價格往上拉升，MA60 可能成為支撐，並且轉成上升角度（見圖 2-3）。

圖 2-3　大趨勢由空翻多，MA60 角度從下降轉持平再轉上升　　　資料來源：統 eVIP 全球版

多翻多（多頭走法）

那均線角度的轉換，一定是上升→遇壓轉持平→下降，或者下降→遇撐轉持平→上升嗎？當然不是。

要是一直走上升→持平→下降、下降→持平→上升，永遠那麼單純，投資人就很好操作了，可惜沒有這麼好康的事。有時候，持平不見得是原本的勢轉弱，有可能是進入整理，一旦整理完畢，本來的勢就會延續下去。

如果 MA60 從本來的上升角度，隨著價格拉回慢慢轉為持平，經過整理後再次翻多，把持平的 MA60 拉成上升角度，即為多頭走法（見圖 2-4）。

圖 2-4　大趨勢走多頭，MA60 角度從上升轉持平再轉上升　　資料來源：統 eVIP 全球版

▎空翻空（空頭走法）

與前項概念相同，只是反過來，如果 MA60 從本來的下降角度，隨著價格拉回慢慢轉為持平，經過整理後再次翻空，把持平的 MA60 拉成下降角度，即為空頭走法（見圖 2-5）。

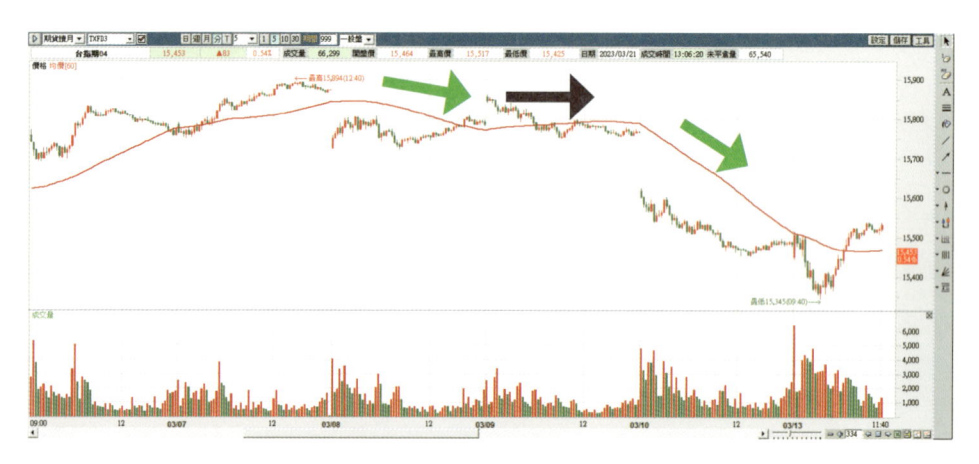

圖 2-5　大趨勢走空頭，MA60 角度從下降轉持平再轉下降　　　資料來源：統 eVIP 全球版

均線角度變化走法

1. **多翻空**：上升（多）→持平（轉弱）→下降（空）。
2. **空翻多**：下降（空）→持平（轉弱）→上升（多）。
3. **多翻多（多頭走法）**：上升（多）→持平（整理）→上升（多）。
4. **空翻空（空頭走法）**：下降（空）→持平（整理）→下降（空）。

均線要有參考意義，需具備三個條件

前面都在講 MA60，還有哪些均線可以拿來參考呢？

就我個人長期操作下來的經驗，軟體上主要會設定 MA10、MA20、MA30、MA60，這些算是基本款，也正因為很多人使用，所以穩定性較高。

還有一條很特殊的均線——MA360，時間級數很大，幾乎沒什麼人在用，但回溯歷史走勢會發現，它隱含的趨勢方向相當大，一旦角度改變、價格跌破或站上，具有一定意義（見圖 2-6）。只是也因為時間級數大，所以不太容易碰到，而且並非所有周期的 K 棒都能顯示出 MA360，例如日 K 的 MA360，要有 360 天的日 K 才能顯示，但因為能抓的資料量沒這麼多，自然無法顯示。

圖 2-6　MA360 隱含的趨勢意義　　　　　　　　　　　資料來源：統 eVIP 全球版

當然，操作和均線一樣分短、中、長期，操作方法也會因人而異。有些人只在盤中偶爾看一下、不做當沖，可能設定 MA30、MA60 這兩條搭配著看；會觀察日 K 留單的，或許還會額外參考時間周期更長的 MA120、MA180、MA240。

做當沖的人，短期均線建議觀察 MA10。中期均線則可參考 MA20 和 MA30，若不習慣看太多均線，這兩條擇一也沒關係。此外，一直提到的 MA60 也很重要，它的平均成本時間周期較長，角度的改變足以反映整體趨勢，但又不會長到看不出短天數的變化。

長期均線的支撐壓力都較大

那 MA5 呢？投資人之間也很常提到啊！我自己是比較少看，因為對 5 分 K 來說，MA5 的時間周期更短，變動太快。做單只參考這條均線，會發生什麼事？如圖 2-7，我們可以發現 MA5 支撐與壓力的轉換非常頻繁，且幾乎整天的 K 棒都會碰到均線，照著做單的話會非常密集。

反觀時間周期較長的均線，如 MA60，K 棒接近的次數大幅減少，若成為支撐或壓力的話，力道也會比 MA5 來得明顯（見圖 2-8）。

圖 2-7　整天 K 棒幾乎都會碰到 MA5，較難作參考標準　　　　　　　資料來源：統 eVIP 全球版

圖 2-8　MA60 的撐壓力道大於 MA5　　　　　　　　　　　　　　　資料來源：統 eVIP 全球版

由此可知，**均線要有較大的參考意義，需有以下三個特點**，更利於操作：

1. 價格不能太常碰到。

2. 一旦碰到該均線，價格就馬上脫離（支撐、壓力較明顯）。

3. 具備一定的穩定性。

同時參看多條均線，便能發現不同的排列組合，大致分成空頭排列、多頭排列、多空交錯排列。

空頭排列時，均線會出現壓力，表示其在價格上方、角度下降，就像往下按住 K 棒的頭把價格壓低，在空方力道還在的情況下，帶有一定阻力（見圖 2-9）。

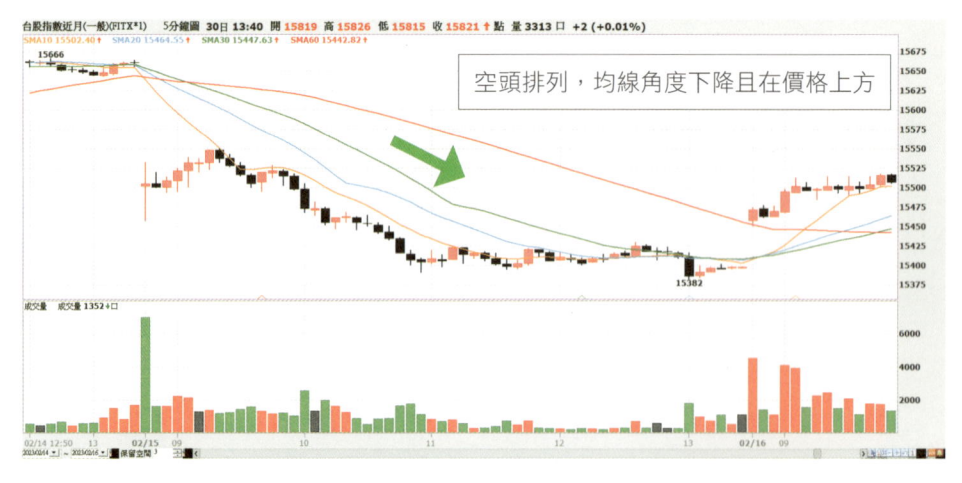

圖 2-9　空頭排列，均線角度下降且位於價格之上　　　　資料來源：XQ 全球贏家

相反的，多頭排列時，表示均線在價格下方、角度上揚，就像托著 K 棒一樣把價格抬高，只要多方力道尚在，K 棒往下碰觸到均線的時候，就會有一定的支撐（見圖 2-10）。

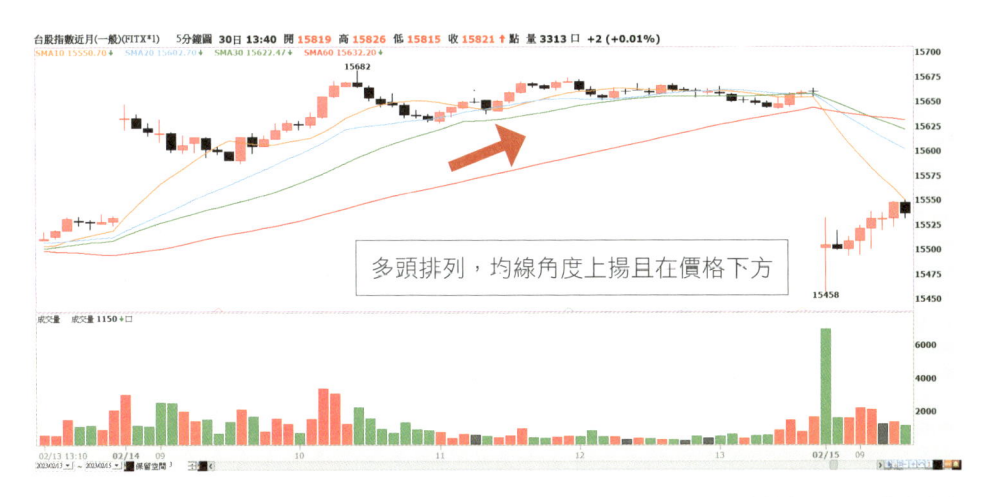

圖 2-10　多頭排列，均線角度上揚，位於價格之下　　　　資料來源：XQ 全球贏家

如果是多空交錯排列，短期均線和長期均線不一定哪條在上、哪條在下，而 K 棒會處於長、短期均線之間，上有壓力，下有支撐（見圖 2-11）。一般這種狀況會出現在盤整區，比如拉上去高檔盤整、殺下去低檔盤整，多空力道開始拉鋸。

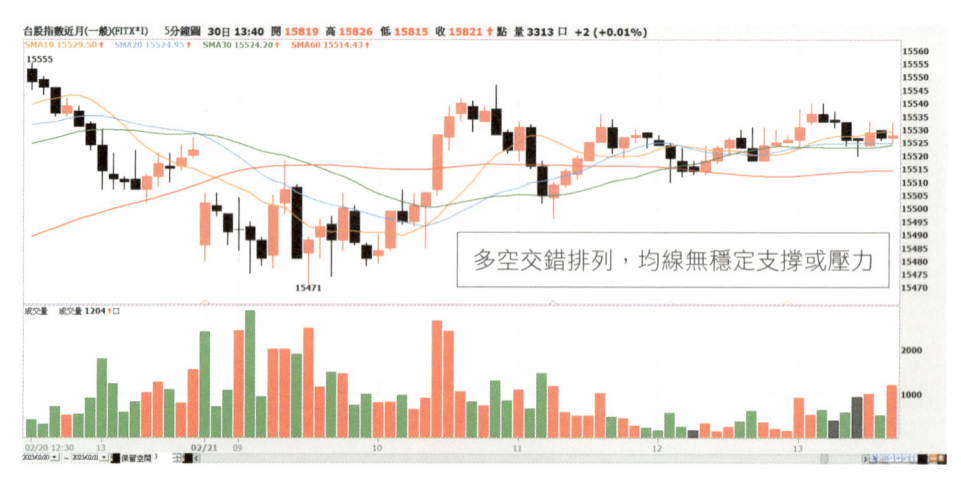

圖 2-11　多空交錯排列，均線沒有穩定支撐或壓力　　　　　資料來源：XQ 全球贏家

這種狀況下，往往要利用其他技巧做單，較難使用均線，因為此時支撐和壓力的力道是均衡的，不管看均線支撐或壓力都不穩定，容易被突破或跌破，必須形成強勢多頭或是強勢空頭，此時碰觸均線才會有明顯的支撐和阻力。

實際操作時，若能判讀出盤型，有時就會間接決定投資人的輸贏。例如多頭排列就偏向找支撐做多，空頭排列以找壓力做空為主，遇到多空交錯就抓小價差，這樣操作起來會更有方向。

另外，由於長短期均線所涵蓋的時間長度不同，所以對照著看，有可能短期走漲，但拉到長期來看的話，整體還是走跌，短期的漲勢類似小反彈；情況也可能反過來，短期走跌，但拉到長期來看則是走漲，短期的跌勢類似小回測（見圖 2-12、2-13）。

圖 2-12　長短期均線對照：短期走漲，長期走跌　　　資料來源：統 eVIP 全球版

圖 2-13　長短均線對照：短期走跌，長期走漲　　　資料來源：統 eVIP 全球版

較短期的均線，其壓力和支撐的意義自然不及中長期均線，而突破（跌破）時間級數越高的均線，會消耗掉越多空方（多方）動能。

夜盤操作，該參考一般盤還是全盤均線？

相信很多趁下班賺零用錢的投資人會好奇：「前面的例子都是日盤，那夜盤呢？」以 60 分 K 來說，一般盤只包含日盤的 5 根 60 分 K，全盤還要另外加上夜盤的 14 根 60 分 K，想當然一般盤和全盤還是有差。

理論上，均線應該要依交易時間來設定。可是實務上，由於大半夜比較少人做單，夜盤大多時間沒有合理成交量，多去參考其 K 棒並換算成均線，意義就不大，較偏向反映夜間短時間的行情，而非穩定的趨勢。因此，**在抓夜盤的支撐壓力時，經常參看一般盤的均線**，因為日盤才是籌碼集中地。

那全盤的均線不太重要嗎？當然不是，有時候，行情會在夜盤先跑，帶動全盤的均線產生變化，若在隔天切換成一般盤均線，就少了夜盤偷跑的籌碼，所以日盤反而要參考全盤的均線。

以一般盤均線為主，全盤均線為輔

所以說，一般盤和全盤的均線其實相輔相成，有時做夜盤，會參考一般盤收盤時的均線（見圖 2-14）；有時做日盤，也會換用全盤的均線找撐壓（見圖 2-15），只是整體而言是以一般盤均線為主，全盤均線為輔。

除了一般盤和全盤的差別以外，實際在看盤時，會發現單看一種 K 棒的均線，可能會遇到碰不到均線的狀況，所以應該多比較不同時間級數的差異，交叉比對防守和壓力位置。

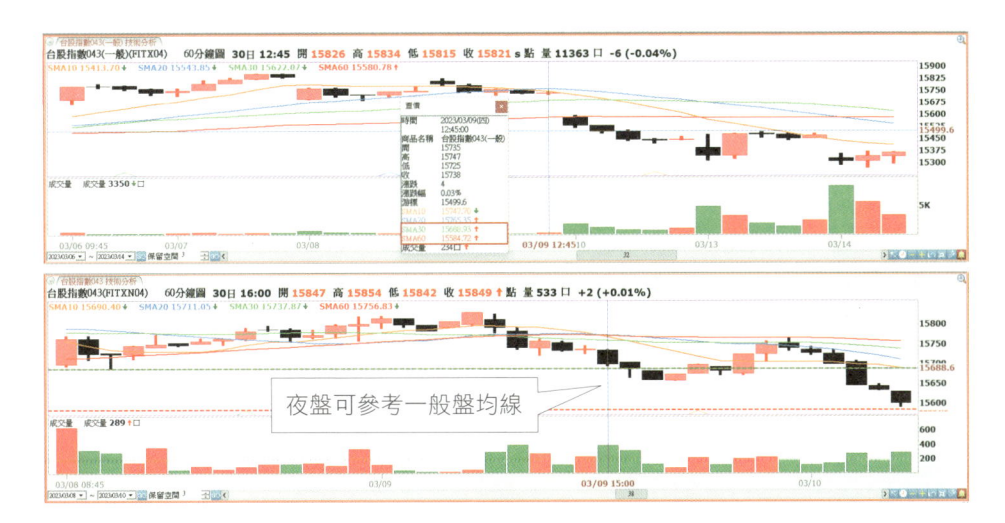

圖 2-14　2023/03/09，夜盤可參考一般盤收盤均線　　　　　　　　　資料來源：XQ 全球贏家

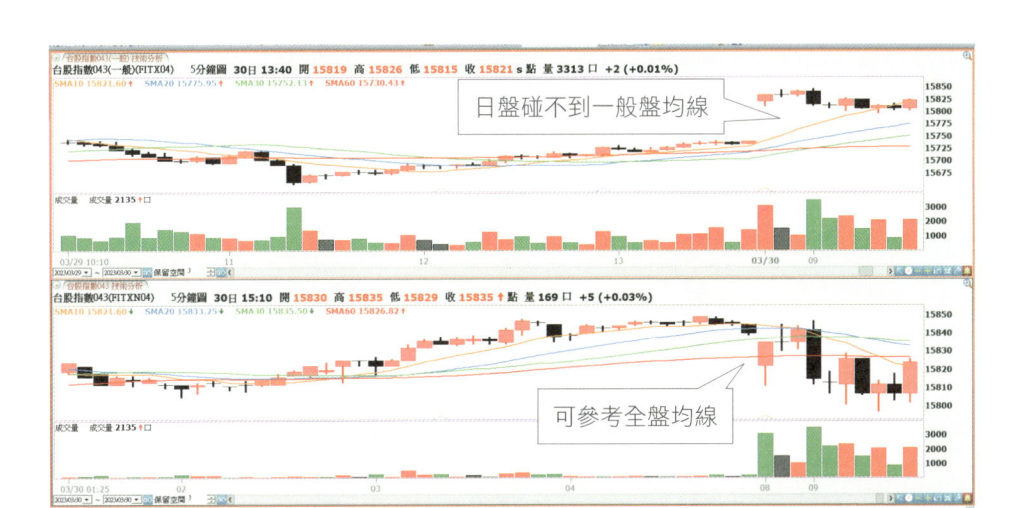

圖 2-15　2023/03/30，日盤開盤需先參考全盤均線　　　　　　　　　資料來源：XQ 全球贏家

如前所述，**我個人常觀察的是 5 分 K、60 分 K 還有日 K**，大家可以利用看盤軟體的分割畫面功能（見圖 2-16），同時比較各種 K 棒和均線，更能提升盤感，感受不同時間級數的撐壓能力。

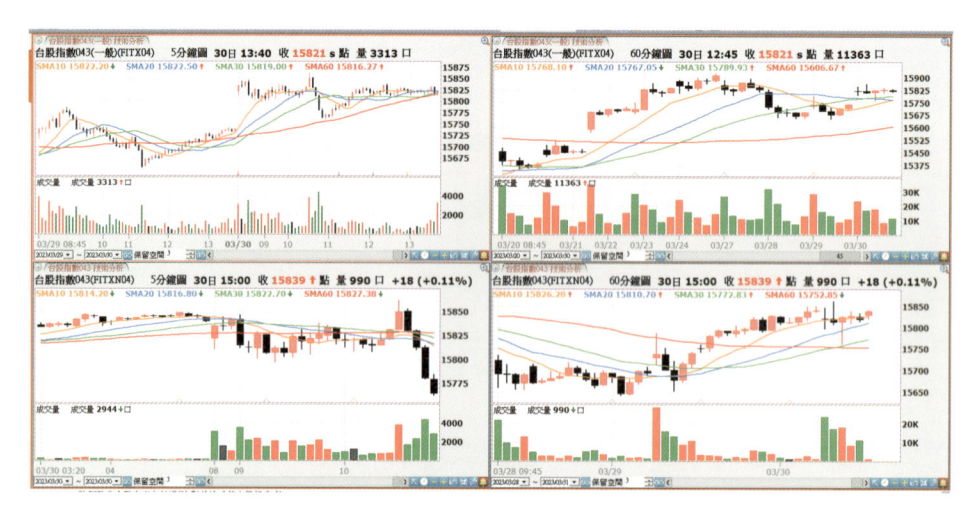

圖 2-16　運用分割畫面功能，一次觀察不同時間級數的資料　　　資料來源：XQ 全球贏家
註：圖中四格內容僅供參考，實際應依個人習慣調整

個人獨創──三降（升）穿理論

前面主要說明了均線的基本邏輯，接下來要獨家介紹兩款操作思維，是我長期操作、觀察累積而來的。

首先是「三降穿」理論，名稱來自「三」條下「降」的均線走完後，轉成逆向「穿」頭過高，簡單來說就是 V 形反轉。

這理論較常用於 60 分 K，一旦抓到，行情空間很大。如果做的是當沖，也可以觀察 5 分 K，但因時間級數不同，利潤也有差別。

PART 2　均線邏輯

觀察方式側重四條均線，包含作為基準的 MA60，我稱為母線（類似於用來辨別多空的頸線），角度最好是平的，表示立場不偏多也不偏空；另外三條分別是 MA10、MA20、MA30，我稱為子線，它們負責三降。

▌撐過三波下跌，找機會抄底

當子線往下穿越母線，表示帶有下降力道，而三條子線全數穿越，意味著總共走了三波下降力道；待三波下降力道結束，開始反轉上漲，就有望逆向收復三條均線，甚至突破起跌高點。

舉例來說，圖 2-17 是 2023 年 3 月的台指期 60 分 K，可以看到 MA10 跌破 MA60，這是第一次空方力道；等 MA20 也跌破母線，為第二次空方力道；輪到 MA30 跌破 MA60 時，就是第三次空方力道，整體型態為空方勢，使得投資人傾向做空。

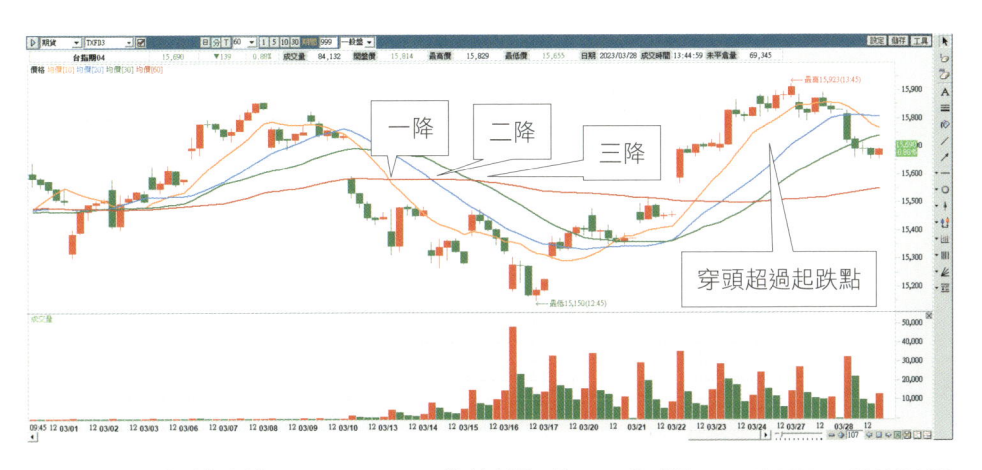

圖 2-17　三降穿型態舉例　　　　資料來源：統 eVIP 全球版，2023/03/01～2023/03/28

這時候，若觀察到止跌訊號，例如下殺一段後出現帶大量的長黑K，你判斷高機率是招搖K（詳見單元四），此時可能有很多多單終於選擇停損，後續反倒容易止跌，我們就可以找機會抄底。因為一旦扭轉，可能賺到一大段行情。

從空頭扭轉呈多頭的過程中，首先要注意價格是否站上MA10，再依序觀察是否往上突破MA20及MA30，直至穿過起跌高，完成三降穿型態。這時可以發現，均線的順序反過來了，短期均線一路從最下面跑到最上面，而且子線都穿過了母線MA60。

奇怪，本來不是還走空頭嗎？為什麼反轉力道有機會這麼強勢？

我們先想像一下，有個人接連受到三次噩耗打擊，但還是有辦法站起來，是不是表示這傢伙心理素質很強？要是他進一步扭轉頹勢，是不是又更強了？

相同道理，就是因為經過三段下跌力道，價格還有辦法漲起來，表示多方力道強過空方力道，先突破MA10表示沒那麼弱了，突破MA20代表強度更強，再突破MA30當然更強。

▎走過三波漲勢，找機會做空

也能顛倒過來思考，**三條子線上升穿越母線（三升）就可以找止漲的空點了**。因為MA10、MA20、MA20上揚穿越MA60，表示三次多方力道，之後只要能把三條均線逆向收復回來，守住不讓K棒突破，就有可能反轉回到起漲點。

三升三降有機會交替出現，而出現機率與當時主趨勢有關，如果主趨勢走漲，三升機會就高；主趨勢走跌，就容易出三降。

但別忘了，多空強度不斷在抗衡，走了三降三升之後，一定會強勢走反向嗎？當然不一定，只有控盤者能干預抗衡結果。但我們對於三降三升這種走法，心裡要有個底，若判斷可能這樣走，進單後才知道要觀察什麼位置。

另外，畢竟抄底摸頭要面對反向操作的壓力，有些投資人會害怕這樣的未知，想等待確認轉強的訊號再進場，這很正常，只是要清楚自己不具有價格優勢，也較容易被洗，這是被動操作的缺點。要比喻的話，主動操作如先苦後甘，被動操作如先甘後苦，找到適合自己個性的做單方式即可。

三降穿思考順序

1. 走完三降，待不再下殺就試著抄底。
2. 價格是否站上 MA10 ？
3. 價格是否站上 MA20 ？
4. 價格是否站上 MA30 ？

跳空順刀操作法，於均線順勢操作

在投資市場，流傳著一句話：「不要輕易去接掉落的刀子。」在跳空盤更是如此。假設今天開盤往下跳空了一定比例（**至少 70～80 點**），表示短線移動成本往下翻空，就像刀子往下掉落一樣，由於短線動能不容易馬上停住，要是這時去接刀，難保不會受傷。

▍往下跳空，反彈壓力大

一般遇到這種狀況，大多數人會選擇等待止跌訊號做多。但在價格拉高的過程中，會發現均線很容易產生壓制，因為向下跳空缺口越大，成本均線殺得越低，重傷了套在上面的單子，此時空方占優勢，彈上均線就更容易再跌下來；若向下跳空缺口不大，賠錢比例不多，那麼彈上均線後回壓的機率自然較小。

這時候，我們可以反過來利用這個邏輯，應用第二種方法——跳空順刀操作法——既然遇到均線容易壓制，那就順著最初的力道，在 K 棒反彈觸碰下跌均線、價格被往下壓的時候做空（見圖 2-18）。

▍往上跳空，回測支撐穩

不過，刀子不見得總是下墜，也有往上噴的飛刀，我們一樣可以順刀操作，在向上大跳空後，趁著 K 棒回測上升均線、價格被往上托的時候做多（見圖 2-19）。

看到向下（上）跳空，並於拉回均線試單後，可能遇到下列四種走法，或許是單一情況，也可能好幾個情況都有發生：

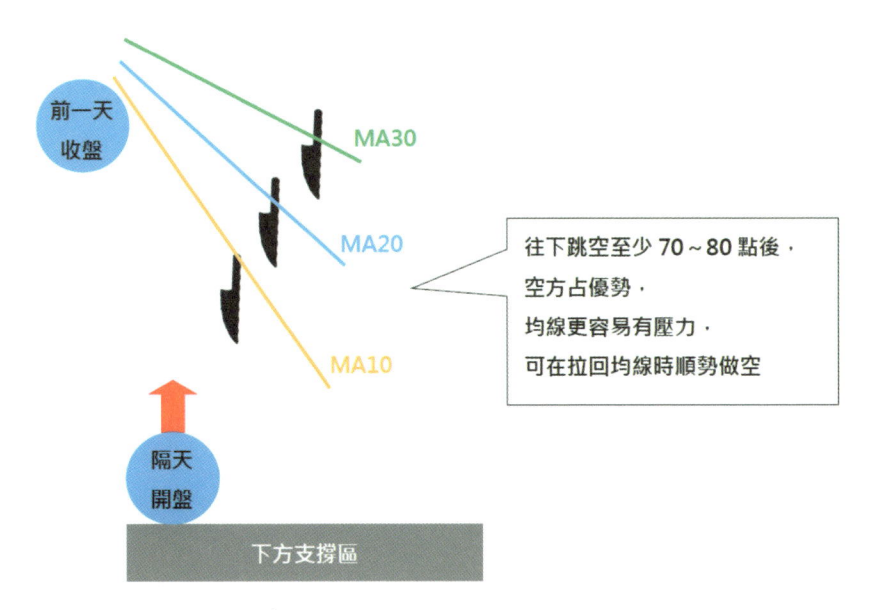

圖 2-18　順刀操作法示意圖（往下跳空）

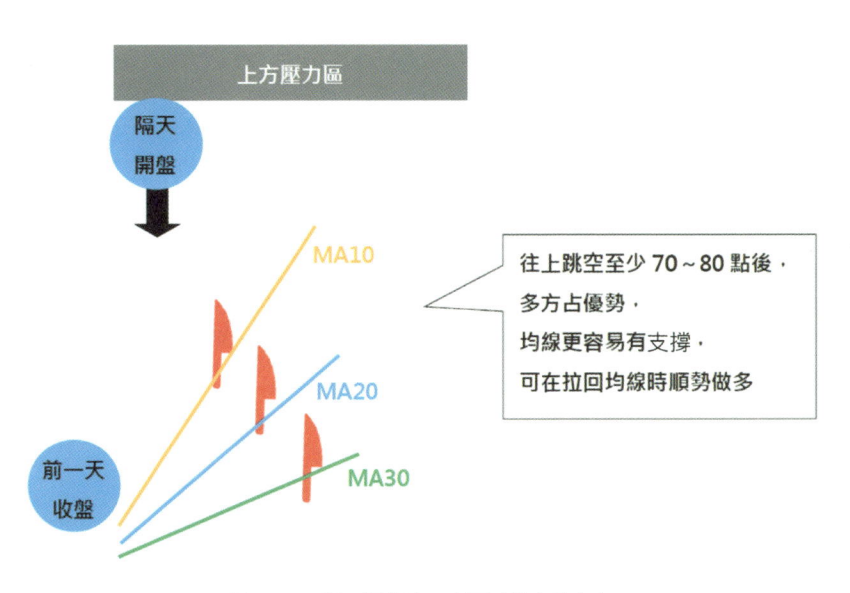

往下跳空至少 70～80 點後，
空方占優勢，
均線更容易有壓力，
可在拉回均線時順勢做空

圖 2-19　順刀操作法示意圖（往上跳空）

往上跳空至少 70～80 點後，
多方占優勢，
均線更容易有支撐，
可在拉回均線時順勢做多

1. MA10 壓制（支撐）。

2. MA20 壓制（支撐）。

3. MA30 壓制（支撐）。

4. 均線壓不下去（撐不起來）。

假設開盤跳空 150 點，我們可以想像成遊戲中打 BOSS——空方王和它的小嘍囉們共有 150 公斤的殺傷力，而我們每次有反彈 50 公斤的能力，雖然沒辦法一次扛住，但可以反向削弱攻勢，打傷第一防線 MA10，把空方王的殺傷力從 150 公斤降至 100 公斤。

彈上去第二次，這次來防守的是 MA20，我們又反彈了 50 公斤的動能，也無法突破還有 100 公斤殺傷力的空方王，但還是將其殺傷力反彈到剩 50 公斤，隨後我們再次退回養精蓄銳。

第三次進攻，輪到 MA30 防守，但敵我皆有 50 公斤的能力，我們可能趁著對方不備一舉突破，也可能突破不了，雙方繼續僵持，要到第四次進攻才能把空方王拿下。

▌跳空缺口越大，回測均線壓回機率越高

放到實際操作，我們可以在碰到第一條均線時試單，失敗就停損，等待下次機會；成功的話就依序去觀察第二條均線、第三條均線的撐壓，同時依照 SOP 設定保本、停利。

一般來說，跳空缺口越大，表示跳空方向的力道越重、套單越多，通常回測第一道防線 MA10 就又回來的機率越高。

無論是開盤往下跳空後，拉回均線做空（見圖 2-20），還是往上跳空後，回測均線做多（見圖 2-21），策略固然有一定成功率，

但也會有往下跳空完一路往上（見圖 2-22），或是往上跳空完一路往下（見圖 2-23）的時候，這並不表示這個方法沒用，而要想到**可能是控盤者為了套利，才無視刀子的成本，刻意帶動價格。**

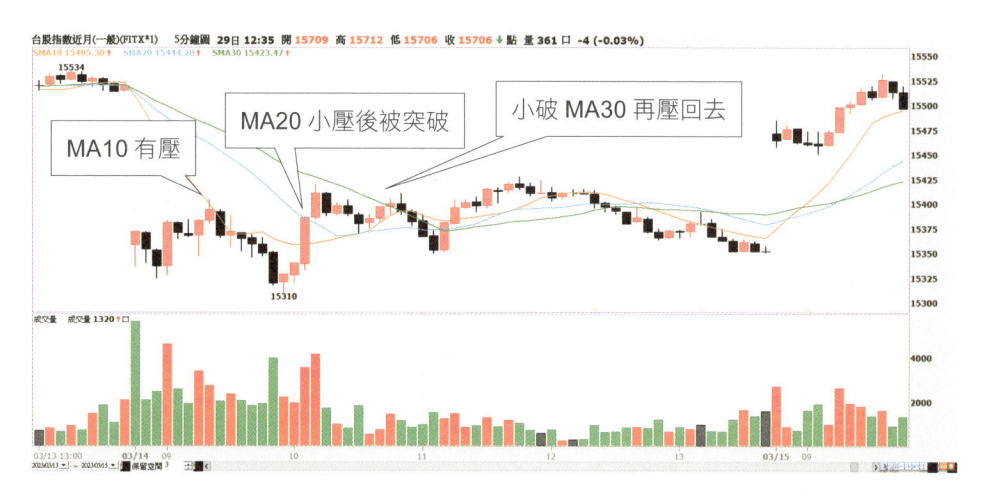

圖 2-20　開盤往下跳空，拉回均線有壓　　　　　　　　　資料來源：XQ 全球贏家

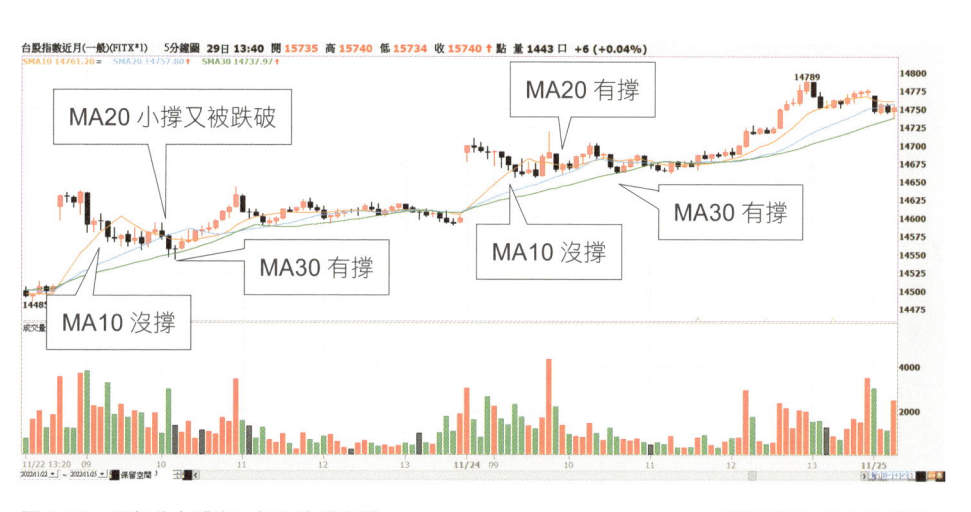

圖 2-21　開盤往上跳空，拉回均線有撐　　　　　　　　　資料來源：XQ 全球贏家

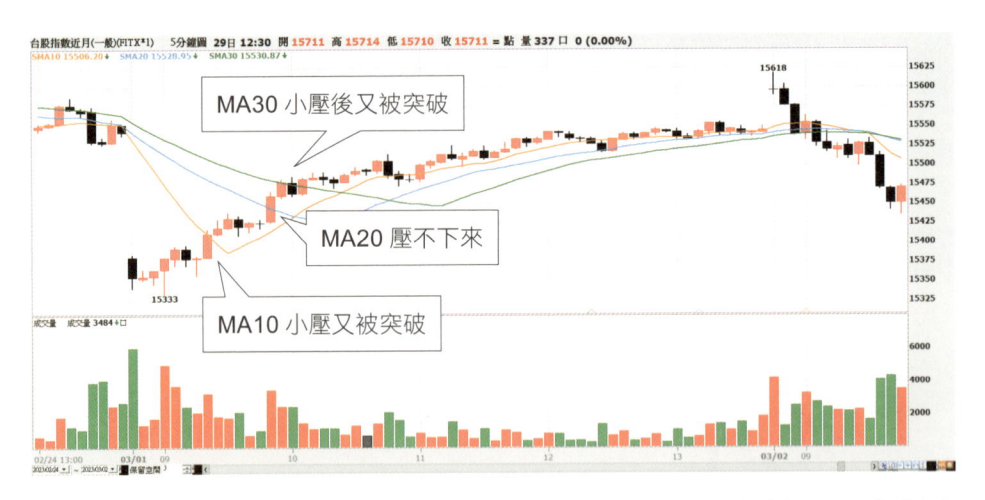

圖 2-22 開盤往下跳空後一路往上　　　　　　　　　　　　　　　資料來源：XQ 全球贏家

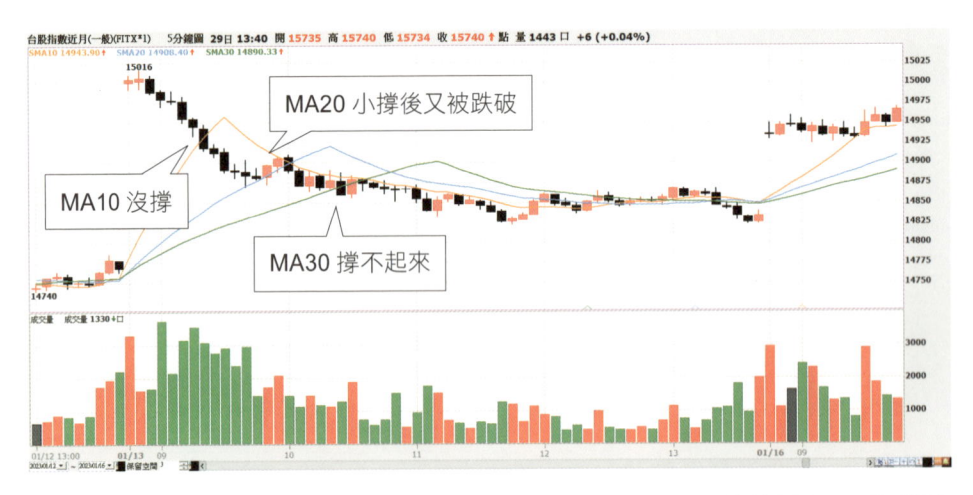

圖 2-23 開盤往上跳空後一路向下　　　　　　　　　　　　　　　資料來源：XQ 全球贏家

PART 2　均線邏輯

行情雖小，短期利潤卻不低

考慮到漲跌幅問題，順刀操作比較不能追求一大段行情，因為每天通常有個合理的漲跌幅比例，跳空大至一定比例，就不容易再提升。比方說往下跳空 150 點，若再追求下跌 150 點的利潤，這樣就足足下跌了 300 點，機率並不高。

儘管如此，只要遵照 SOP 設定保本、停利，短單成功的利潤，普遍還是高於試單設的 10 到 20 點停損，很值得嘗試。

建議大家學習不同的技巧時，在理解原理之餘，還要回溯歷史 K 棒，甚至是利用模擬單練習，實際體會其勝率有多高，無形之中就能強化下單操作的信心。這種信心只能自己給自己，別人想給也給不了。

單元思考

1. 均線代表什麼意思？應該如何觀察？
2. 任何時間長度都有均線，什麼均線才能用來參考？
3. 台指期有分日盤、夜盤，要觀察什麼均線？
4. 何謂三降穿理論？進場時機和後續觀察重點是？
5. 何謂跳空順刀操作法？進場時機和後續觀察重點是？

PART 3

二分之一理論

中間即平衡位置，
大小趨勢皆能抓

> **里長伯廣播**
>
> ★ 投資者成功的關鍵,
> 是如何把一些平凡的事,
> 做得極不平凡。★

　　假設有一天,你來到公園,看到沒人坐的翹翹板,你坐在哪裡還能保持翹翹板的平衡?

　　假設有一天,你看到一個裝滿水的杯子,接著慢慢把水抽走,大概少到什麼程度,你會開始覺得水量不能用「多」來形容?

　　假設有一天,你去觀看一場拔河比賽,隨著裁判鳴槍,一開拉就遇到什麼狀況,會給人兩隊旗鼓相當的感覺?

　　這三個問題看似不相關,其實都導向一個概念——二分之一。

　　若沒有其他外力影響,坐在翹翹板的中間位置自然能保持平衡;形容水量的話,會從「多」慢慢變成「還算多」,大概剩半杯時是「普通」、「還好」,少於半杯就「偏少」、「不多」了;比賽一開始,如果拔河繩中間的記號一直維持在判定輸贏的區域中心,會讓觀眾認為兩方人馬實力相當(見圖 3-1)。

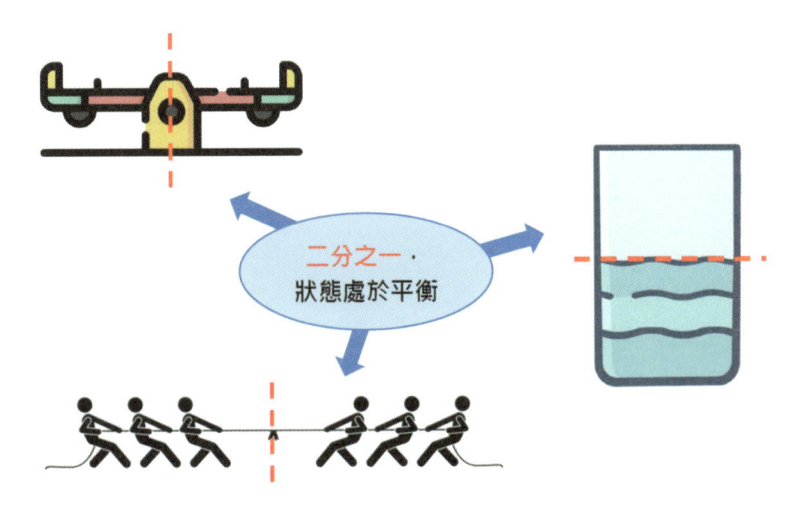

圖 3-1　處於平衡的二分之一　　　　　　　　圖片來源：Flaticon.com

　　二分之一就是一個處於平衡的地方，換個角度來看，也是準備表態的地方，一旦偏向哪邊，就表示帶往那個方向的力量比較強，會讓翹翹板傾斜，會改變對水量的形容，也會決定拔河比賽的局面。

　　這個邏輯也能套用到趨勢上，只是兩邊結果換成了多方勢與空方勢。

搭上法人順風車的股票布局邏輯

　　我們可以把二分之一簡單想成「平均成本」的概念。例如一根日 K 的高低點二分之一，就是那一天的平均成本；一根周 K 的高低點二分之一，即一周的平均成本，以此類推，而這樣的平均結果具備一定穩定性。

　　不過這只是推測出來的合理位置，屬於相對合理，而非絕對如此。畢竟我們不可能清楚知道每個價格買多少數量，所以也不能咬定價格到二分之一的位置，一定會遇到支撐或壓力。

仍須考量趨勢多空

況且，二分之一相對容易產生撐壓的機會，還受到了趨勢影響。只要趨勢越偏多，回測二分之一越容易有守；相對的，只要趨勢越偏空，反彈二分之一越容易有壓。

最初發展二分之一理論，主要用於股票的規劃布局，抓出長線的合理進場或加碼位置。那麼，二分之一要如何計算呢？**在股票上有兩種方式，一種是直接將當下價格除以 2，另一種則是取一整段走勢的高低點，計算出平均數字。**

舉例來說，聯電（2303）在 2021 年 9 月 6 日衝到 72 元，隨後開始拉回（見圖 3-2）。對於長線操作者來說，即使看好這檔股票，難免又怕買在太高的價格抱不住。

這時候，就可以運用二分之一理論，算出 72 元的二分之一為 36 元，預抓這支股票中長期的拉回位置，進而在較有價格優勢的地方買進布局。像這樣觀察約二分之一處，如同在等待盤勢表態：「現在已經到中間位置了，究竟哪邊的力道比較強呢？」

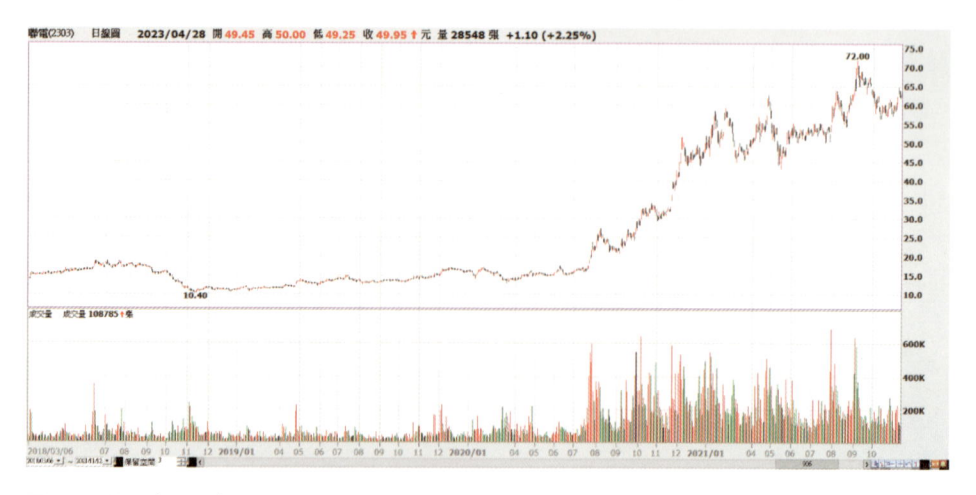

圖 3-2　聯電（2303）日線圖，2021/09/06 衝到 72 元　　　　資料來源：XQ 全球贏家

若是用高低點來抓,結果大致像圖 3-3 的藍色虛線,上面那條是高點 72 元,底下那條是低點 12.7 元,中間就是(72+12.7)÷2 = 42.35 元,價格先跌破二分之一才上漲。紅色虛線則是 36 元的位置。

圖 3-3 聯電(2303)日線圖,二分之一處為布局買點　　　資料來源:XQ 全球贏家

我們可以看到,上述兩種二分之一的結果稍有不同,這是因為還要考慮「時間性」,看前方價格是否距今太遠。以法人的角度思考,一年會有一次年帳要做,**理論上,一年之內的價格較具合理性,不太需要參考更久以前的價格。**

若傾向用高低點取二分之一,可考慮將兩種二分之一視為不同進場點,高低點二分之一先買一次,腰斬再買一次,就不會太畫地自限。一旦價格腰斬仍繼續破低,就要依個人情況設停損,以自己所能承受為主,絕不能一味凹單。

當然,價格不可能這麼乖,總是剛剛好點到。

例如 2020 年開始,台積電(2330)漲勢驚人,甚至在 2022

年1月17日創新高來到688元，後續不斷拉回，使得許多追高買進的投資人被套住，更自嘲「被凍死在山頂上」。

然而，若運用二分之一理論的邏輯，可以等待二分之一的支撐再伺機買進。從圖3-4可以看到，價格往下回測超過了高低點二分之一（藍色中間虛線），卻又不到腰斬價344元（紅色虛線）。

圖3-4　台積電（2330）日線圖，二分之一處為布局買點　　　　資料來源：XQ全球贏家

有時操作股票不能太吹毛求疵，落入觀察範圍即可準備試單，接下來就守好停損，並設定好給自己幾次試單的機會，機會用完就算了。

另外，二分之一理論的操作固然有一定勝率，但要注意，**不能挑沒有成交量的股票，而是把目標放在權值股（較容易影響加權指數的股票），或者前一、兩百大的股票**。因為這樣的標的，法人才有在交易，且通常會在股價跌至腰斬的時候進去加碼，這時跟著一起進單的話，就如同搭上法人的順風車。

現實一點，以大格局來講，賠錢的話，權值股可能還凹得回來，

投機股就很難說了。因為法人會買權值股來控盤，除非趨勢真的太偏空，否則這種股票變成空頭股的機率並不高。

▌須用停損來限制風險

但我並非鼓勵大家凹單，恰恰相反 ── **投資市場不可能玩穩贏，只能利用停損來控制風險**。那為什麼還是有很多投資人凹單？通常不是因為技術不好，而是捨不得停損賠錢，就我多年來見過的例子，捨不得小錢的人，往往等著花大錢。

一口單買進去之所以大賠，不是方向做錯，就是進場價格太差，最好打掉重做；若凹單、甚至加碼，最後凹不回來，就等著慘賠。資金龐大到可以無限攤平的人還比較沒關係，但僅限做股票，換作期貨，凹到過了結算也來不及了，因此還是要用停損來限制風險。

二分之一無所不在，非重複籌碼越多越穩定

不只是股票，只要有 K 線圖，都能運用二分之一理論，而且趨勢由大到小，皆可見到該理論的痕跡，用以抓壓力及支撐。

我們先從大趨勢講起，再講小趨勢。

一如股票可以事先布局，在操作期貨之前，也能夠事前分析、規劃自己試單的點位。只要透過合理的分析與預判進行布局，再顧及大盤的波動調整操作、適當設定停損，這樣一來，即使預判錯誤，也不至於大賠。

▎下跌或反彈至二分之一，盤勢準備表態

舉例來說，圖 3-5 是台指近月約 3 年的日線圖，可以看到走完一段上漲趨勢再往下修正，高低點及二分之一則大致如虛線所示（高點 18,583，低點 8,268，兩者相加除以 2 為 13,426，即二分之一的位置）。

第一次修正至二分之一，如同盤勢到了要下定決心的時候：「我到底要準備上去，還是就這樣下去？」它可以在中立的二分之一位置盤整、思考一下，但遲早要做出決定。

一般而言，若上漲段回測至二分之一處，極有可能形成買點，中長線操作者即可開始順著大盤趨勢偏多操作，避免掉和盤作對、即使空不下來也持續凹單的狀況。若狀況相反，是下跌段開始反彈，二分之一處則高機率形成賣點，進而觀察整體是否偏空操作。

利用二分之一理論，不僅能**盡量避開相對危險的操作**，不在反彈二分之一的地方追多，或是拉回二分之一的地方追空，也能**於盤勢開始修正時，對於要修正到哪裡有點概念**，藉此提高勝率。

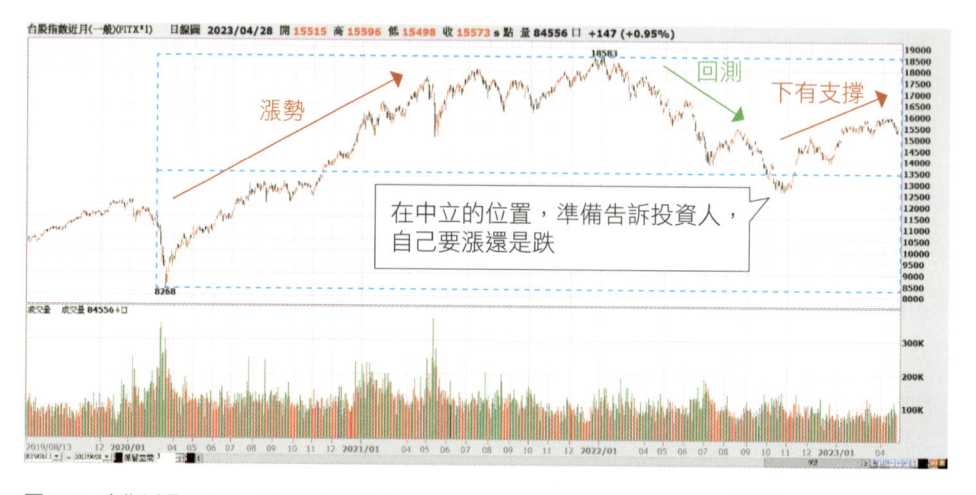

圖 3-5　台指近月 2020～2023 年日線圖　　　　　　　　　資料來源：XQ 全球贏家

當然，前例跨了足足 3 年，但這麼長的一段時間，也是從 5 分鐘、60 分鐘、1 日、1 周、1 個月、1 年逐漸累積構成的，所以不同級數的時間周期，理應也能運用二分之一理論。

以兩天份的 5 分 K 為例，2023 年 3 月 1 日台指期跳空開低，走極端的開低走高，而且收盤幾乎收在當天最高點（圖 3-6 紅圈處）。光看這天，給人盤勢偏多的感覺，要是隔天想趁拉回做多，應該在哪裡試單？大關卡整數價可以嗎？這的確是一個觀察點，而且除了前面的整理區以外，一樣可以抓二分之一。

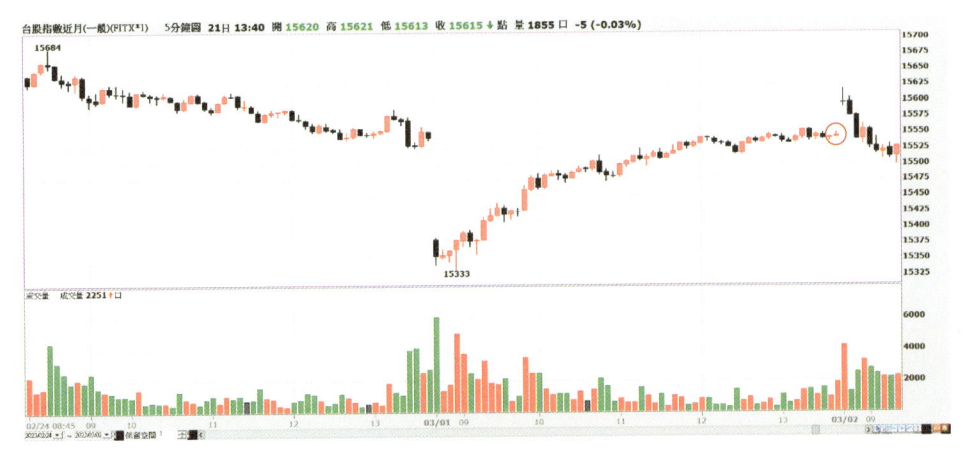

圖 3-6　2023/03/01 台指跳空開低再走高，收盤幾乎收在最高　　資料來源：XQ 全球贏家

首先找到 3 月 1 日的高點 15,555 和低點 15,333，算出二分之一價 15,444（見圖 3-7）。

若盤勢以上漲為目標，那麼即使往下回測，高機率會守住二分之一的位置，稍微跌破也很快會再拉回。換句話說，盤勢如果要持續維持多方往上，那拉回二分之一的價格之後，理應有支撐，我們就可以在打到這個價格之後，主動進單並設停損，也可以等到確實出止跌 K 再被動進場。

圖 3-7　利用 2023/03/01 的 K 棒抓二分之一，作為隔天拉回買點　　資料來源：XQ 全球贏家

那只看當天的二分之一可不可以？當然可以。

例如 2023 年 4 月 7 日，台指開盤先盤整完，並走出一段明顯的趨勢後，即可利用高點 15,870 及低點 15,796，抓出二分之一 15,833（見圖 3-8）。前面我們知道，抓撐壓有助於判斷試單位置，也能讓我們思考當下該有的動作，盡量避開相對危險的操作。

例如圖 3-8 的 K 棒位置（紅圈處），已經接近二分之一，藉由二分之一理論，我們知道那個位置容易有壓力，於是開始思考：「現

在追多的話，還有沒有獲利空間？」如果沒有，大可直接等在二分之一試空單。

圖 3-8　2023/04/07 台指 5 分 K 線圖，當日高低抓二分之一　　　資料來源：XQ 全球贏家

綜觀 4 月 7 日這一整天的走勢（見圖 3-9），很明顯地從低點往上爬升之後，就在當天的二分之一遇到壓制。

圖 3-9　2023/04/07 台指 5 分 K 線圖，當日二分之一有壓　　　資料來源：XQ 全球贏家

我們再深入觀察 4 月 7 日這一天的台指走勢。只見開盤上下測完，初步產生一組高低點，分別是 15,858 及 15,824，取二分之一為 15,841。從圖 3-10 可以看到，虛線框中倒數第二根和第三根雖然都有稍微彈過二分之一，但還是縮了頭，表示反彈遇壓；當價格來到二分之一的上半部，表示多方勢漸強，本來是壓力的二分之一有機會轉為支撐。

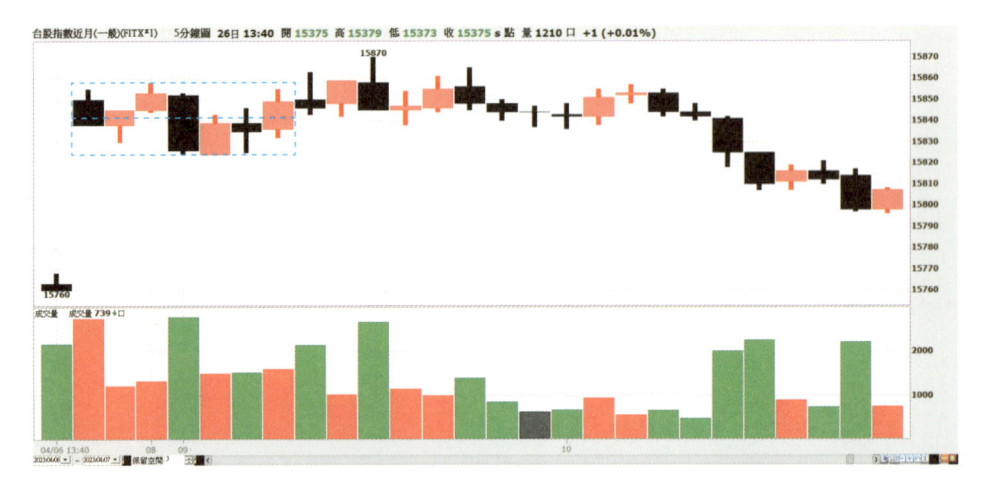

圖 3-10　2023/04/07 台指 5 分 K 線圖，小段勢二分之一小壓　　　資料來源：XQ 全球贏家

再往後看，走了一小段漲勢，產生新高點 15,870，與低點 15,824 的二分之一為 15,847。之後即使往下跌破，也很快會收上二分之一，足見二分之一小有支撐，有理由試多，不過 K 棒始終未再創高，盤整結束便轉跌（見圖 3-11）。

圖 3-11　2023/04/07 台指 5 分 K 線圖，小段勢二分之一小撐　　　　資料來源：XQ 全球贏家

還有更小的趨勢可以觀察嗎？實際上，光是前後兩根 K 棒，就有著最迷你的勢。

如圖 3-12 的帶量黑 K，高點 15,853，低點 15,824，取其二分之一為 15,839。下一根紅 K 剛好收在 15,839，可以看出空方力量稍微強過多方力量，才讓紅 K 沒辦法一鼓作氣漲過黑 K 的二分之一，這就是前後兩根 K 棒之間小小的拔河。

再看後面的走勢（見圖 3-13），會發現有兩根 K 棒來測試黑 K 的二分之一，但是都被壓了回去，能夠趁著壓力做做短空單；直到第三根紅 K 收過黑 K 的二分之一，表示多方勢逐漸展現強度，只是始終無法突破黑 K 的開 K 價並續漲。

綜上可知，二分之一的邏輯其實潛藏在許多地方，隨著 K 棒數增加，累積的盤中非重複籌碼越多，表示有越多單子投入到市場裡頭，價格的穩定度也提高了。這也可以解釋：**為什麼每天開盤之後，大約在第一個小時或半個小時，比較容易被上沖下洗？**正是因為剛開盤時 K 棒數還很少，所以穩定度沒這麼高。

當盤中籌碼開始累積，若要運用二分之一理論，**通常在第一次測試二分之一時試單，勝率相對來得高**。比如跌一段或漲一段後，初次去測二分之一，這時反向操作的勝率往往較高；如果拉上去一段之後測二分之一有撐，拉上去再回來第二次，可能還是有撐，但回測第三次，很可能就沒撐了。

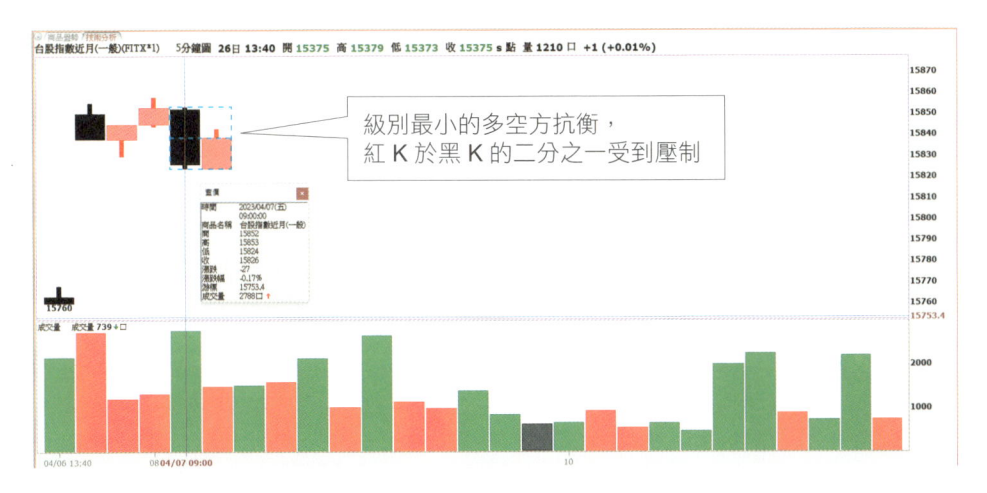

圖 3-12　2023/04/07 台指 5 分 K 線圖，紅 K 壓在黑 K 的二分之一　　　　資料來源：XQ 全球贏家

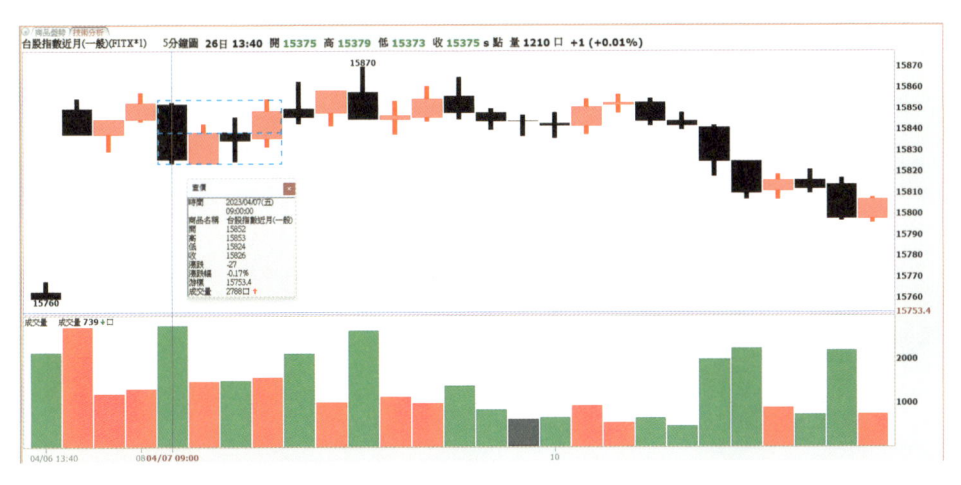

圖 3-13　2023/04/07 台指 5 分 K 線圖，後續漲過黑 K 的二分之一　　　　資料來源：XQ 全球贏家

▌回測越多次，越容易撐不住

為什麼會這樣？因為第一次還沒有把握，不確定是否止跌，所以敢進去做多的人很少，發現有支撐才會追多，或等第二次回測再接。眼看第一批接的人沒下車，第二批接的人進場還有賺，到了第三次（或以上）回測，會有更多人心動去接，這時就很容易撐不住，因為越來越多人做在同樣的位置，導致**散戶籌碼集中於同個地方，反倒容易失準**。

所以說，二分之一理論要傳達的，並非首次拉回測試成功，後面就通通成功。畢竟日盤交易長達 5 個小時，60 根 5 分 K 之間會互相影響，而且每根 K 棒的影響程度有輕有重，我們也可能抓錯或多抓，導致算出的二分之一有誤差。

因此，盤中觀察時最好多加推測。我們不是控盤者，無法預知會測到哪，只能把諸多可能作為備案，再視盤型決定採用哪個備案。

上述內容，主要是二分之一理論的原理以及運作邏輯，那在實務上有哪些需要注意的地方呢？以下接著說明。

善用黃金分割率，抓出容許範圍

前面提到，盤中非重複的籌碼累積越多，計算出的二分之一越穩定。以另一個角度來看，一旦從量縮轉出量，意味著許多單子投入了、有大量籌碼進去，利用這樣的斷層去抓二分之一也是合理的。

正因為計算二分之一的位置不同，所以對於某個二分之一，**回測走法不見得會先乖乖碰到再走反向，也可能超過，或者碰都碰不到**（見圖 3-14）。

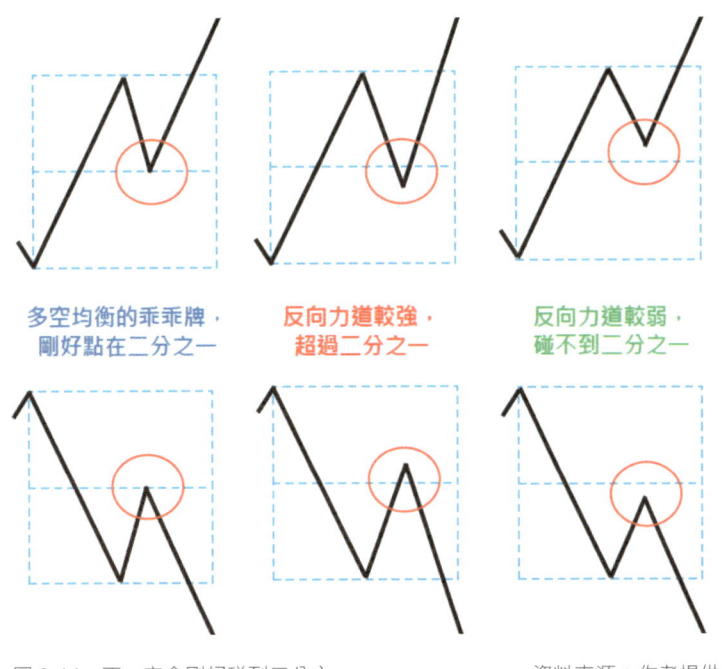

圖 3-14　不一定會剛好碰到二分之一　　資料來源：作者提供

比如 2023 年 4 月 27 日的台指 5 分 K（見圖 3-15），第一次回測並未碰到高低點的二分之一，只是盤整了幾根之後再往下測；第二次回測一樣出現收腳 K 棒往上，且這次反彈幅度更大。這兩次回測的幅度，理論上不會判定已經測到二分之一了。

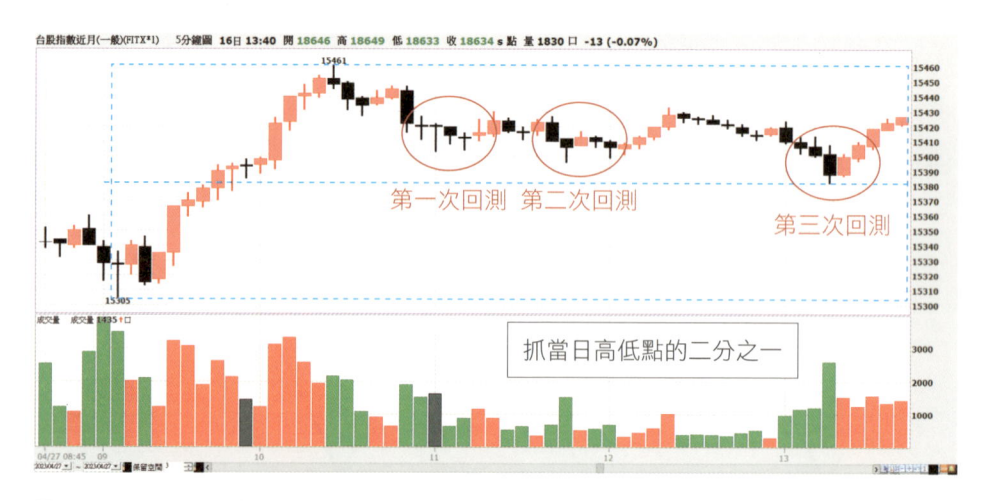

圖 3-15　2023/04/27 台指 5 分 K 線圖，高低點抓二分之一　　　　資料來源：XQ 全球贏家

雖然第三次回測，終於來到當日高低點的二分之一並止跌，但前面兩次回測也確實一度止跌，這表示前面造成止跌的二分之一，可能不是從低點抓起。在這個例子中，可以從出量開始計算，也就是從漲勢第二根紅 K 低點開始抓二分之一，回測有支撐的位置也更靠近這裡（見圖 3-16）。

這就是所謂盤中會有的調整性，不只是當日高低點的二分之一可以被測試，從出量起漲到見高點的二分之一也可以被測試，兩種邏輯都合理。

要完全拿捏到依照何種邏輯操作並不容易，不過我們能夠彈性一點，假如**兩個價格差距不大，就視為一個價格帶，而不只是一條**

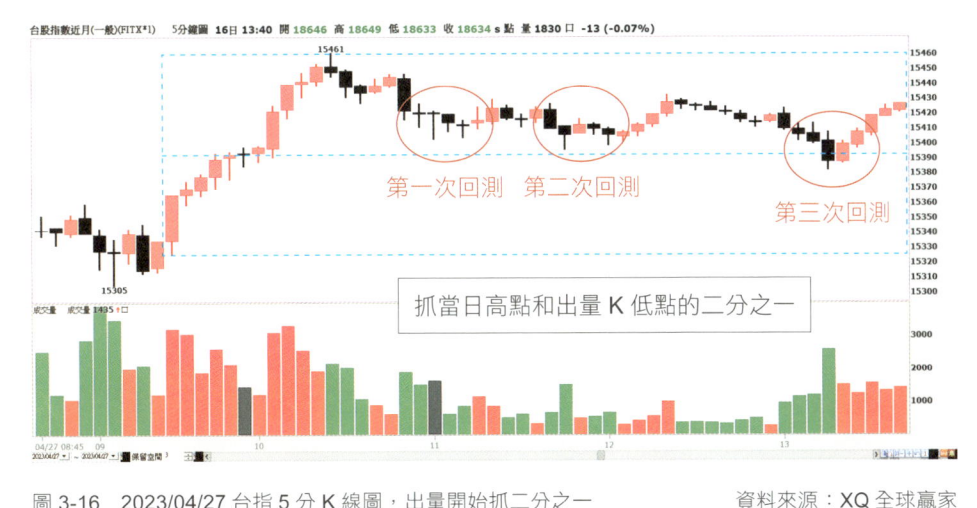

圖 3-16　2023/04/27 台指 5 分 K 線圖，出量開始抓二分之一　　　資料來源：XQ 全球贏家

線，兩條線之間都可以被測試；如果差距不小，也可以自行放寬一點「射靶」的距離。

回到開頭說的三種走法：碰不到、剛好碰到、超過。假設靶心是 15,598，而你準備趁著價格回測來接，若擔心沒碰到，可以往上加 5 點；又怕價格超出去，再往下減 10 點，最終將 15,588 ～ 15,603 這個價格帶作為靶心，該範圍內止跌都能接受。當然，這裡的 5 點、10 點只是假設，可依個人狀況及經驗調整。

換句話說，我們在判定時，不要太過死板，應該像拔河一樣有個判定範圍，容許 K 棒的多空力道在該區間拉鋸。至於容許範圍怎麼抓？可以像前面舉例的那樣用固定點數加減，也可以用其他分析方法抓出一個區間。

▎關鍵看黃金分割線的 0.5

我再分享一個券商軟體的畫線工具——「黃金分割率」（或稱黃金分割線），能夠將框出來的部分依比例多加幾條線。不同券商所顯示的線條數多少有些差異，但都有 0.382、0.5、0.618 這三條基本線，其中的 0.5 就是我們要關注的二分之一（見圖 3-17，0.5 為虛線）。

至於**範圍要往上抓還是往下抓，取決於預期的多空強弱度**。例如搭配其他分析結果，預期上漲力道較強，向下回測恐怕碰不到 0.5，那就偏高觀察，在 K 棒來到上面兩條線的範圍時準備試單；預期盤勢偏弱、很有可能測破 0.5，那就偏低觀察，把試單重點放在下面兩條線的區間（見圖 3-18）。

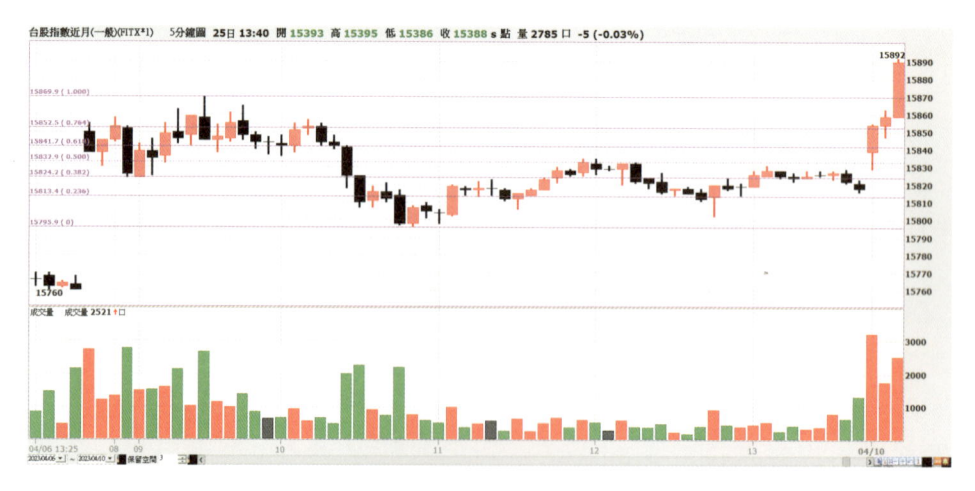

圖 3-17　黃金分割率的三條基本線：0.382、0.5、0.618　　　　資料來源：XQ 全球贏家

然而，三條線之中最重要的當屬 0.5 這條，相比另外兩條，穩定度最高，平衡性也最大。如果想讓操作更單純、專做點到即止的狀況，而且不介意被洗掉，也可以只抓 0.5 的價格。

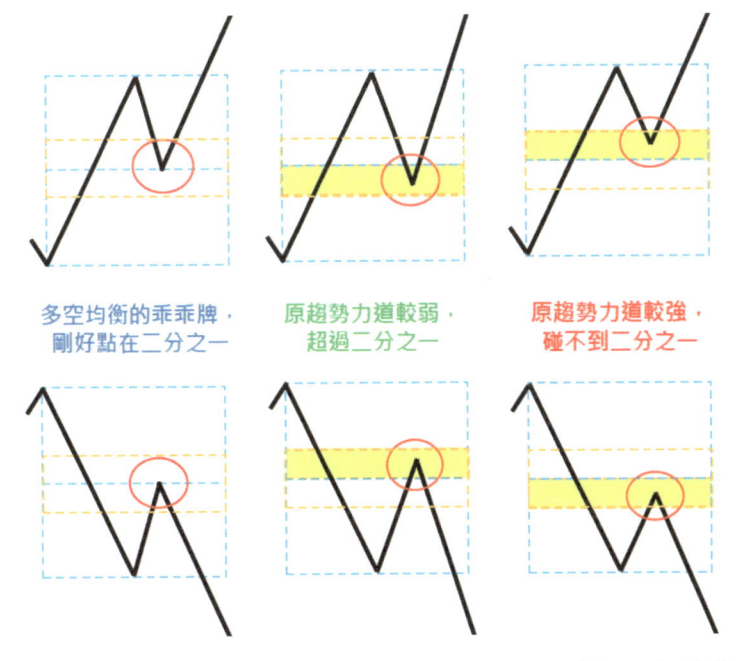

圖 3-18　可以用價格帶（容許範圍）來判斷二分之一　　資料來源：作者提供

　　萬一沒有黃金分割率可用，以 0.5 計算價格也方便，例如高點 300，低點 100，心算就知道一半是 200，換作取 0.382 或 0.618，別說心算了，按計算機也有點麻煩。甚至有時克難一點，利用目測抓一半距離，也比抓 0.382 或 0.618 來得容易。

　　我一般建議投資人用電腦軟體看盤，再搭配使用黃金分割率去尋找二分之一的位置，不管是要抓短線的行情、一周甚至一個月的壓力支撐，都很好用。

　　只是要注意，**二分之一理論在方向較明確的 N 字盤，最能發揮效果**，重點是有去測試二分之一，測過了才能明確知道有沒有支撐或壓力；換作區間盤，由於力道尚在交戰，支撐或壓力都還不明朗，建議等到整理完出方向，再來觀察二分之一。

遇到跳空缺口，哪裡接單勝率最高？

除了 K 棒本身，二分之一理論還可以用於跳空缺口。

舉例來說，2023 年 4 月 18 日台指開盤往下跳空，形成一個缺口，粉色虛線為缺口的二分之一。可以看到 10 點時，剛好打到缺口二分之一（紅圈處）就被壓下去了，續跌了兩根才又慢慢站回，這段可以做個短空（見圖 3-19）。

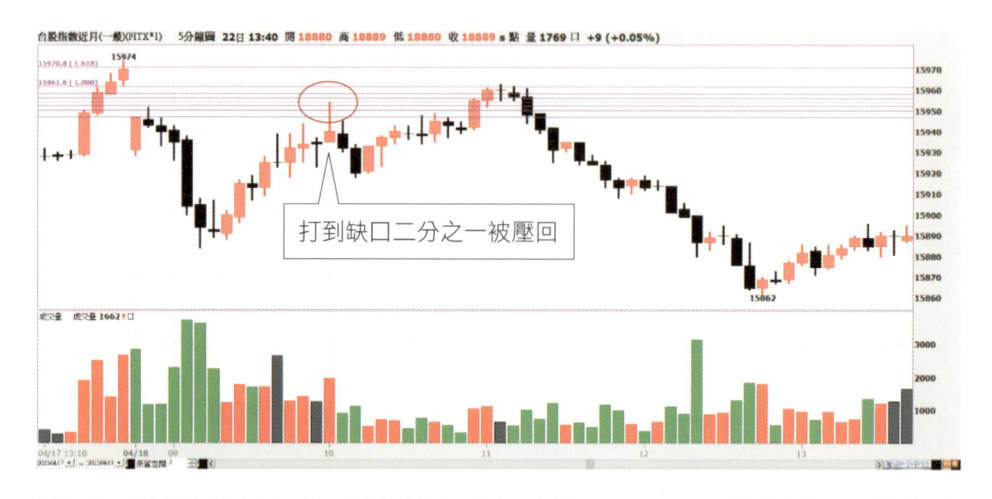

圖 3-19　2023/04/18 台指 5 分 K 線圖，缺口二分之一有壓　　資料來源：XQ 全球贏家

有趣的是，這天既然往下跳空，說明盤勢偏空，卻走出一個低點就開始不停往上拉，也就是偏多的表現。像這樣偏空又偏多的狀態，表示進入多空整理，而轉強或轉弱的關鍵就在二分之一處。

圖 3-20 告訴我們，缺口二分之一有壓力（A 處），但止跌的地方，差不多是早盤高低點的二分之一（B 處），支撐著盤勢先轉強突破前高，直到把缺口補掉才轉跌，將早盤高低點的二分之一也跌破（C 處）。

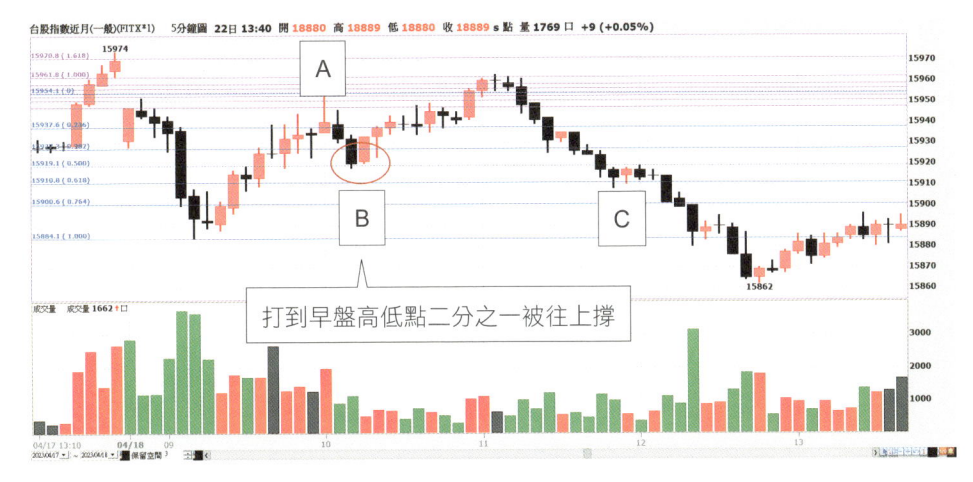

圖 3-20　2023/04/18 台指 5 分 K 線圖，當日二分之一有撐　　資料來源：XQ 全球贏家

　　如同上一小節提到的，價格有時會稍微超過二分之一（見圖 3-21），或是碰不到二分之一（見圖 3-22），皆屬正常現象，缺口二分之一也不例外，我們只要確實依照自己的 SOP 操作就好。

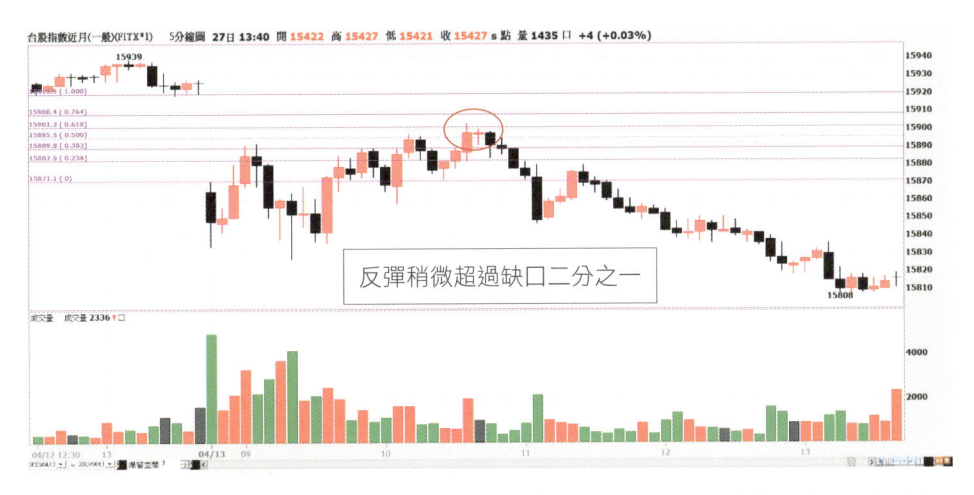

圖 3-21　2023/04/13 台指 5 分 K 線圖，反彈稍微超過缺口二分之一　　資料來源：XQ 全球贏家

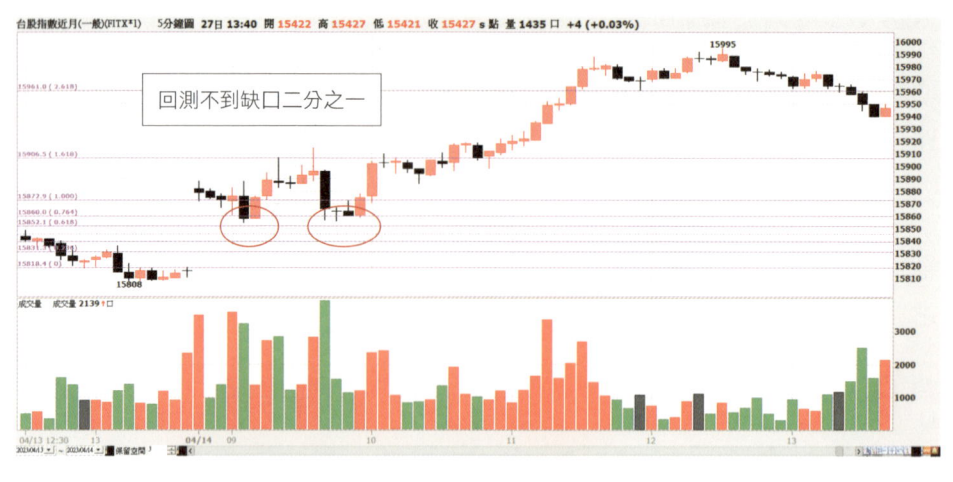

圖 3-22　2023/04/14 台指 5 分 K 線圖，回測不到缺口二分之一　　　資料來源：XQ 全球贏家

時間級數影響強度，時間長度影響位置

　　說明至此，我們知道有高低點的二分之一、一大段漲勢或跌勢的二分之一、單日小段勢的二分之一、單根 K 棒的二分之一、跳空缺口的二分之一……而二分之一的位置，會因為抓取範圍不同而改變，例如抓的時間長度或是趨勢段大小等，都會造成影響（見圖 3-23）。

圖 3-23　二分之一的位置會改變　　　資料來源：XQ 全球贏家

PART 3　二分之一理論

雖說舉例都是用5分K或日K，但實際上，K棒的時間級數（周期）有長短之別，還有15分K、60分K、月K等，那抓二分之一要以何種K棒為準呢？

基本上，時間級數越小，越能反映出細微的波動，但波動既然細微，表示可能一瞬即逝，甚至可以不用太介意。比方說5根1分K，可能不斷上下波動，一下出帶量紅K、一下出帶量黑K，給人多空交戰劇烈的感覺；但從5分K的角度來看，只不過是根小K棒而已（見圖 3-24）。

由此可知，**時間級數越小的K棒，正因為反映了太多雜訊，所以算出來的二分之一穩定度越低**。比方說5分K的二分之一和日K大波段的二分之一，兩相比較，絕對是後者的穩定度和參考性較高，而5分K的二分之一或許有支撐或壓力，強度卻不如日K的二分之一。

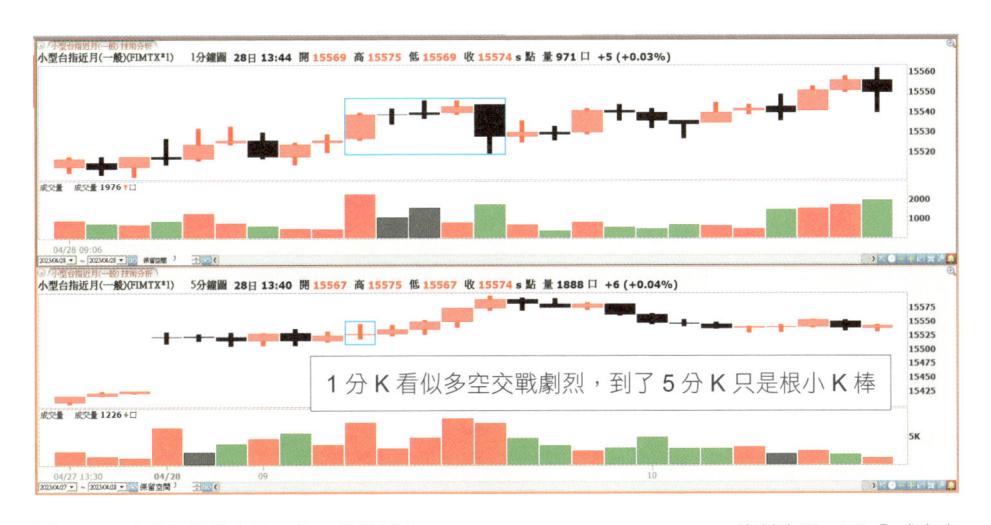

圖 3-24　時間級數越小的K棒，雜訊越多　　　　　　資料來源：XQ全球贏家

這樣為什麼還要參考時間級數小的 K 棒的二分之一呢？因為二分之一的位置和選取時間段有關，若高低點差距很大，操作這天的價格又離二分之一還有一段距離，那這個二分之一就只能先當備案，還是得往時間級數更小、或者時間段更短的 K 棒抓二分之一（見圖 3-25）。

整體而言，大原則是──**長分 K 看趨勢，短分 K 找買賣點**。假設連續兩天的 5 分 K 走 N 字，做多都能賺，但隨著價格接近日 K 的反彈二分之一，第三天可能一樣走 N 字，最後卻下跌（見圖 3-26）。

周期大小相輔相成，不同的時間級數會有不同的趨勢，大空頭之下也會有大小不等的反彈，當沖時即使看長分 K 偏空，但看短分 K 發現偏多，在賺取價差為做單考量之下，還是要先以做多為主，因此懂得判讀很重要。

圖 3-25　太遠的二分之一暫無參考意義，得抓更短周期或時間段的 K 棒　　資料來源：XQ 全球贏家

PART 3　二分之一理論

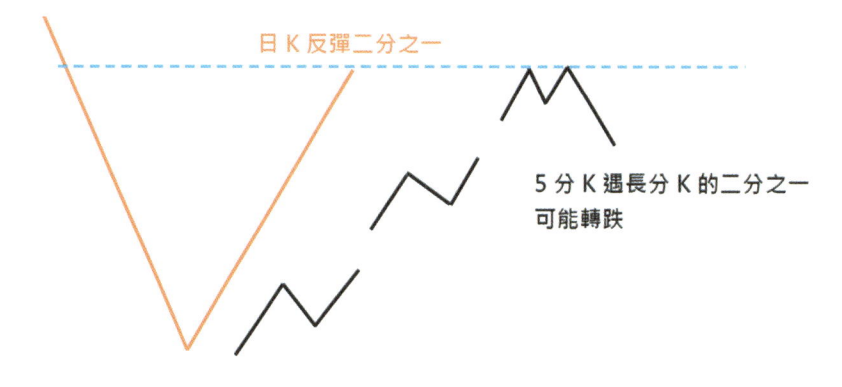

圖 3-26　一樣走 N 字，遇到長分 K 反彈二分之一可能有壓　　　資料來源：作者提供

舉例來說，假設現在是 2023 年 4 月 28 日，我要開始規劃次日（2023 年 5 月 2 日）的盤，可觀察角度如下：

●**觀察 5 分 K**（見圖 3-27、3-28）：

目前短線走漲，回測幅度不到跳漲缺口的二分之一（黑色中間虛線），隔天若有機會趁拉回買進，可觀察前一天高低點的二分之一（藍色中間虛線）。**當沖主要是看 5 分 K**，理論上要用 1 分 K 抓也可以，但 K 棒數量更多，而且訊號太多，反而不容易判斷。

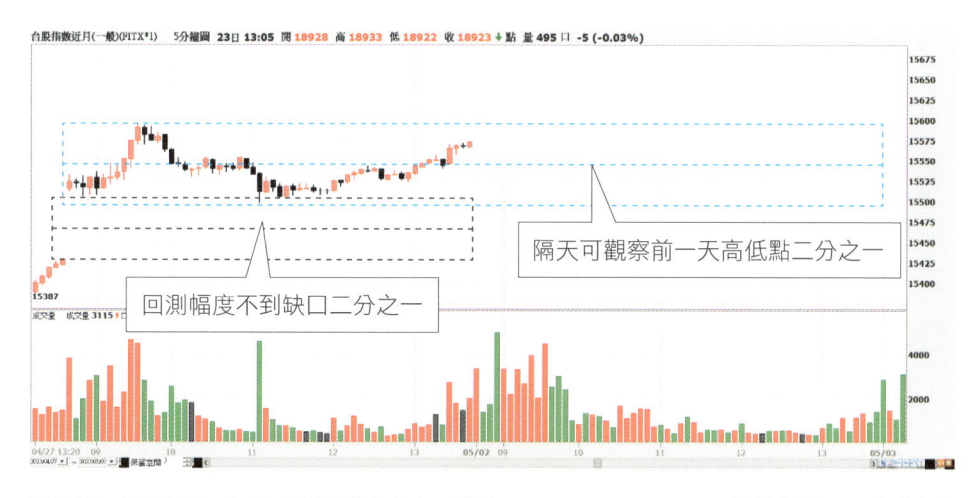

圖 3-27　短線走漲，取前一天高低點二分之一觀察　　　資料來源：XQ 全球贏家

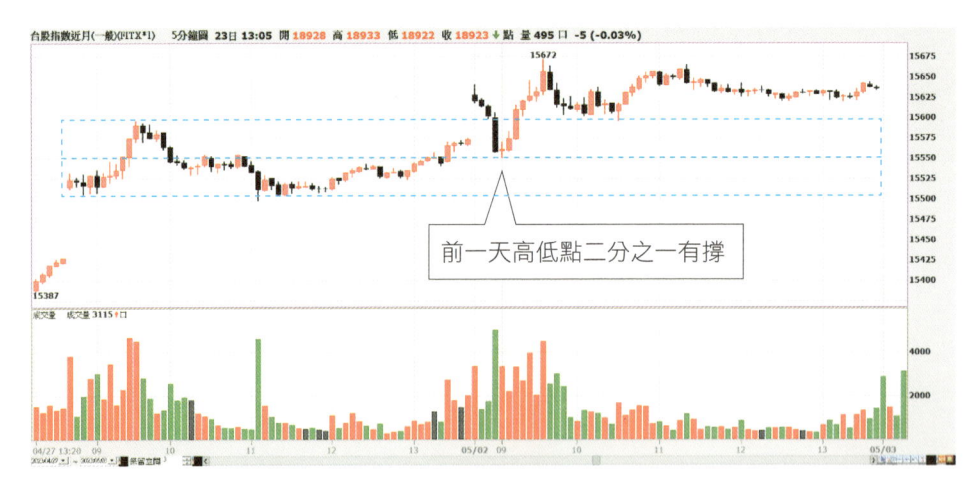

圖 3-28　2023/05/02 台指 5 分 K　　　　　　　　　　　　資料來源：XQ 全球贏家

●**觀察 15 分 K**（見圖 3-29、3-30）：

可知現在走的是反彈段，在上下降波段的二分之一（中間虛線）盤整，若假突破，這道二分之一就會成為壓力；反之，真突破就可以回測並支撐。

圖 3-29　走反彈段，取下降波段的二分之一觀察　　　　　資料來源：XQ 全球贏家

圖 3-30　2023/05/02 的台指 15 分 K　　　　　　　　　資料來源：XQ 全球贏家

● **觀察 60 分 K**（見圖 3-31、3-32）：

意思和觀察 15 分 K 一樣，只是用 60 分 K 觀察的格局再大一點，但就沒辦法看那麼細。不過經由這樣觀察，更好判斷大趨勢，可發現目前在挑戰下跌段的二分之一（藍色中間虛線），有壓力也是合理的。

圖 3-31　走反彈段，取下跌段的二分之一觀察　　　　　資料來源：XQ 全球贏家

圖 3-32　2023/05/02 的台指 60 分 K　　　　　　　　　　資料來源：XQ 全球贏家

● **觀察日 K**（見圖 3-33、3-34）：

目前短線走漲，但 4 月 25 日出過一根大長黑，其二分之一（藍色中間虛線）高機率屬於賣壓區；結果 4 月 28 日直接跳空站上，並且回測下跌段二分之一有守穩。這意味著反彈可能沒這麼弱，最起碼沒被這麼短的下跌段二分之一壓住，還站了上去，次日的盤可

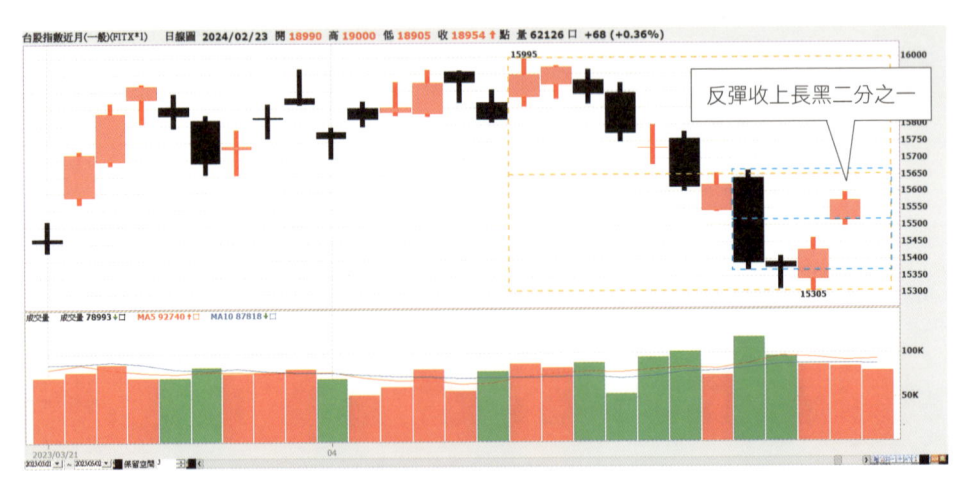

圖 3-33　大長黑的二分之一被收上，可知反彈沒這麼弱　　資料來源：XQ 全球贏家

PART 3　二分之一理論

能續彈,再往上挑戰更長的下跌段二分之一(黃色中間虛線)。

同樣的狀況,也能用 5 分 K 觀察,畢竟長分 K 也是短分 K 走出來的,只不過呈現出來如圖 3-35,由於 K 棒數眾多,看起來就沒那麼清楚。

圖 3-34　2023/05/02 的台指日 K　　　　　　　　　　　　資料來源:XQ 全球贏家

圖 3-35　同樣的二分之一,改用 5 分 K 觀察　　　　　　　資料來源:XQ 全球贏家

我們真正要去思考的，是**漲跌在不同格局所處的位置**，假設連續兩天拉回二分之一有撐，就要去看更大格局是否反彈超過二分之一了，或是還沒到？如果即將挑戰更大下跌段的二分之一，那明天有沒有可能前面強、後面弱？去思考不同的可能性。

▌短線也要注意長分 K 抓轉折

思考這些的用意，在於適時調整操作，即使當沖主要看 5 分 K，但隨著時間慢慢推移，也要去注意長分 K 的格局。例如反彈即將遇到長分 K 的二分之一，要知道可能不像剛開始上漲時這麼好賺，要是持續積極做多容易失敗，就可以調整成短多單，或在二分之一處找機會轉空單。

如果下有短分 K 二分之一的支撐，上有長分 K 二分之一的壓力，想要做多的，可以觀察有沒有機會下來測短分 K 二分之一，把握機會主動進去做多，或是確認有撐之後再被動進多單。當然，考慮到更大的二分之一可能會形成空點，這樣是要等短分 K 二分之一做多，還是等長分 K 二分之一做空？通常是「**先來先做**」，也就是**先來到可以做多的位置，我們就先試多；先來到可以做空的位置，我們就先試空。**

隨著交易時間越來越久，主觀性判斷往往會越來越多，習慣操作的趨勢大小也會越來越明確，進而影響了要觀察何種時間級數與時間段的二分之一。因此，知道自己手上正在做什麼樣的單很重要，如此一來，才能確定自己的參考目標為何，進一步設定停損。

備好工具箱，才能應對更多情況

簡而言之，二分之一可以用在不同時間級數（5分K、60分K、日K……）以及不同時間長度（取一天、取一周、取一個月……）的K棒，藉由不同格局的二分之一來輔助操作。

我認為所有投資人，都要懂得二分之一理論，因為：

1. 邏輯簡單易懂。

2. 使用性高，甚至單憑肉眼即可判斷。

3. 可塑性最大，還能套用至不同的時間級數及時間長度。

但要注意，二分之一理論好用歸好用，能夠衍生出關鍵K（有量有價、足以改變趨勢的K棒）、招搖K（詳見單元四）等小技巧，但不保證隨時隨地皆可用，例如碰到一路緩漲或緩跌的盤，就沒有二分之一可以接。

因此，**有時不能單用二分之一理論操作，要搭配其他觀察方式和操作技巧**，例如成交力差、價位計算、百點價差等，更是如魚得水，能夠挑選滿足多項條件的位置來操作。

這就像要去修水電，不可能全身上下只帶一把螺絲起子，還要帶其他工具。就算第一天遇到的問題，只用螺絲起子就可以處理了，但第二天、第三天呢？需要電鑽的時候怎麼辦？所以應該先備好工具箱，並且了解各種工具的操作方法及使用時機，再藉由長期的施工經驗臨場判斷。即使是經驗老道的師傅，也會有誤判的時候，因為臨場狀況就是會變，得依照情形去調整做法。

▎先擬幾種戰略，看盤勢決定用哪個

所謂技術理論，大多是統計後高勝率的東西，但一個理論絕不可能操作所有的盤，所以一定要適當地去搭配，各個技術練得越熟，操作就會越厲害。

一開始運用二分之一理論，同樣需要練習，若還不太熟悉，往往沒辦法反射性想到多種二分之一，那也沒關係，可以先從當天的畫起，隨著技術和盤感越來越好，再多畫不同時間級數和長度的二分之一。

基本上，隔天要用的話，**可以估幾個戰略位置：大日 K 格局反彈或回測二分之一、前面大段高低的二分之一、前一天高低點的二分之一、缺口二分之一、兩日高低的二分之一。**

這樣應該先看哪個二分之一？隔天要做空還是做多？很簡單，一樣「先來先做」，看盤怎麼開出來，再以當下所提供的條件，來評估可以延伸出什麼樣的操作。否則光憑預測，也無法確定哪個二分之一準確，一定會有一些條件被打槍，也一定會有二分之一被直接跌破或突破。

當然，我們可以主觀一點做單邊，主動淘汰掉幾個二分之一，如此可能少賠，但反過來看也可能少賺。像這樣每天去抓，熟能生巧、累積作戰經驗之後，我們對於某種盤型碰到某種二分之一，會越來越有感覺，知道賺錢機率高不高，這樣在抓二分之一的時候，篩選起來就很快了。

單元思考

1. 二分之一為什麼可以拿來參考支撐與壓力？
2. 股票如何抓二分之一？
3. 應該如何看待「稍微超過或碰不到二分之一」這件事？
4. 台指期中，哪些地方可以用來抓二分之一？
5. 短分 K 和長分 K 都有二分之一，要先看哪一個？

PART 4

招搖 K

看似要大漲、大跌，
其實準備走反向

> **里長伯廣播**
>
> ★ 在錯誤的道路上，
> 奔跑也沒有用。★

　　一般來說，正常 5 分 K 的上下振幅大約是 15 到 35 點，但有時盤走著走著，會走出一大根 K 棒，振幅和成交量是正常 5 分 K 的 2 到 3 倍。像這樣有量有價（具有一定的成交量和價差）的 K 棒，通常會成為「關鍵 K」，對趨勢造成影響，也具有一定的撐壓。

　　舉例來說，一段漲勢中的轉強 K／突破 K（見圖 4-1 紅圈處），或是一段跌勢的轉弱 K／跌破 K（見圖 4-2 紅圈處），都可以是關鍵 K。這些關鍵 K 出現後，如同表態一般，走勢會延續下去。

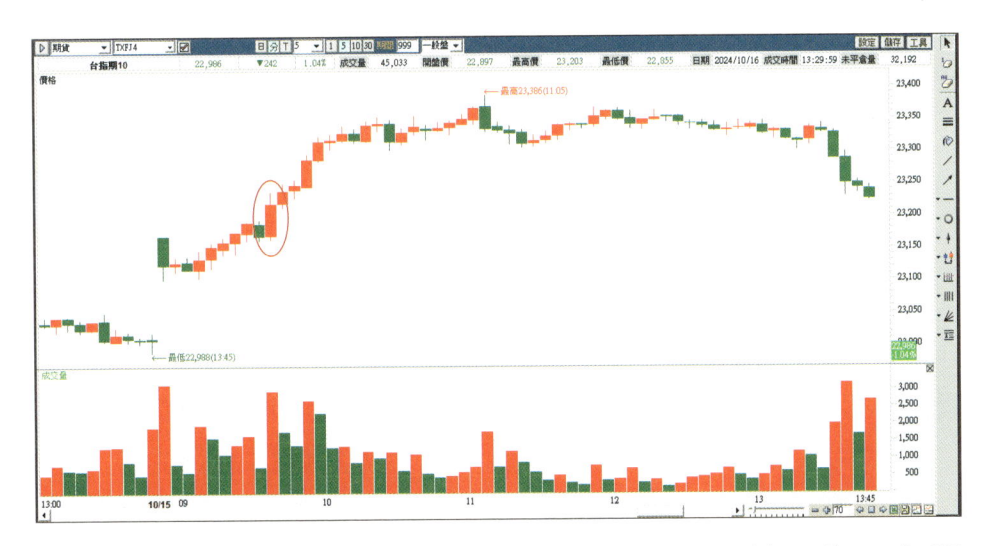

圖 4-1　轉強 K／突破 K 是關鍵 K　　　　　　　　　　　　　　資料來源：統 eVIP 全球版

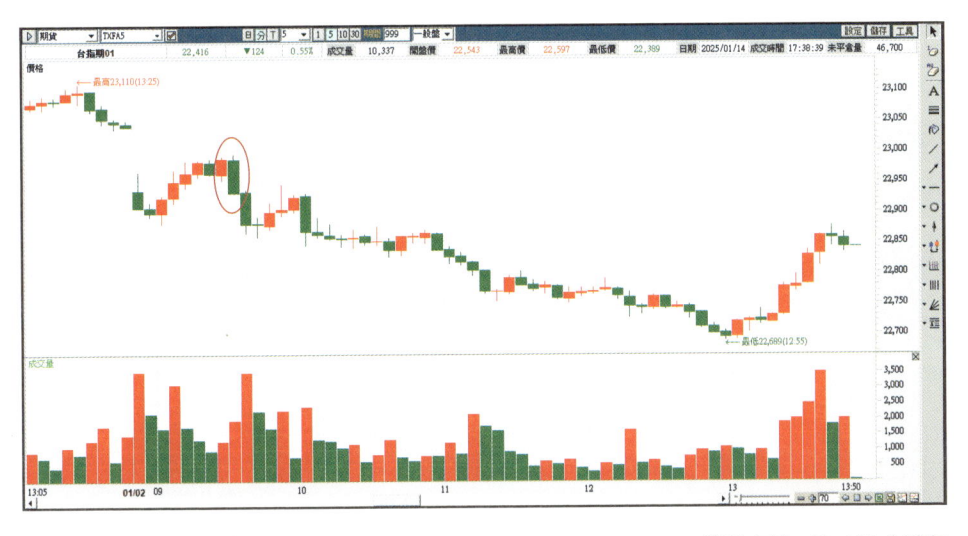

圖 4-2　轉弱 K／跌破 K 是關鍵 K　　　　　　　　　　　　　　資料來源：統 eVIP 全球版

但有時候，關鍵 K 的走勢也不一定延續。

例如圖 4-3 中最後一根出量的落底長黑關鍵 K，簡直鶴立雞群，彷彿高調在說：「我下跌了喔！接下來要繼續走空囉！」許多投資人也相信它的確在表態，於是選擇做空。

沒想到，後續幾根 K 棒雖然有往下測，卻又縮腳收了上去，甚至收成紅 K。幾根下來，手上有空單的人雖然虧損，但可能心想：「剛剛的黑 K 這麼長一根，而且幾乎沒有下影線，現在應該只是小反彈，等等就下去了吧。」所以先不平倉。而中間穿插出現的黑 K，讓這種想法更加堅定（見圖 4-4）。

結果真的跌下去了嗎？

從圖 4-5 可以看到，後面又走出幾根紅 K，慢慢把長黑 K 吞掉，大多數人等到這時候，才下定決心停損出場。像這樣**看似要表態，卻沒拉大價差讓追價單獲利、反而走反向的關鍵 K，我稱為「招搖 K」**，也可稱為騙線 K 或引導 K。

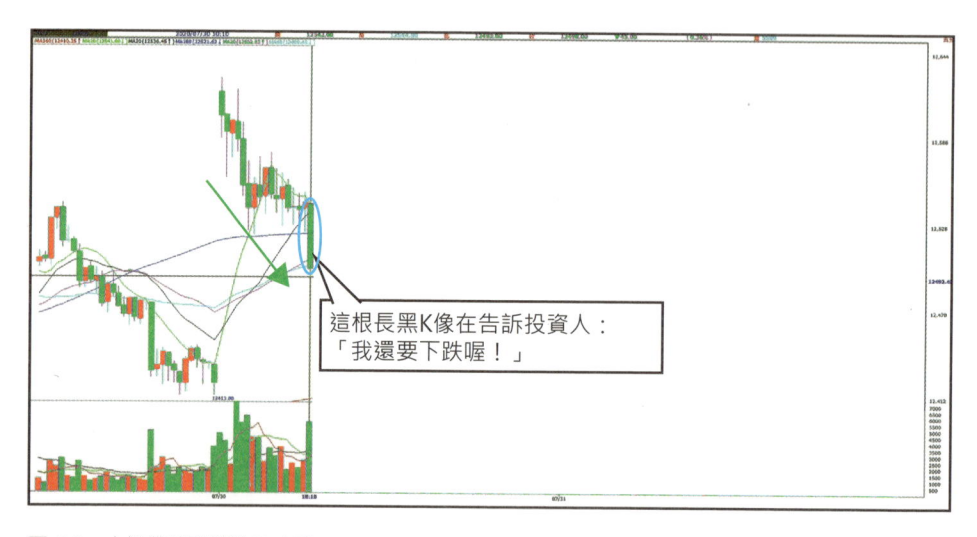

圖 4-3　大根帶量關鍵黑 K 出現　　　　　　　　　資料來源：群益贏家策略王

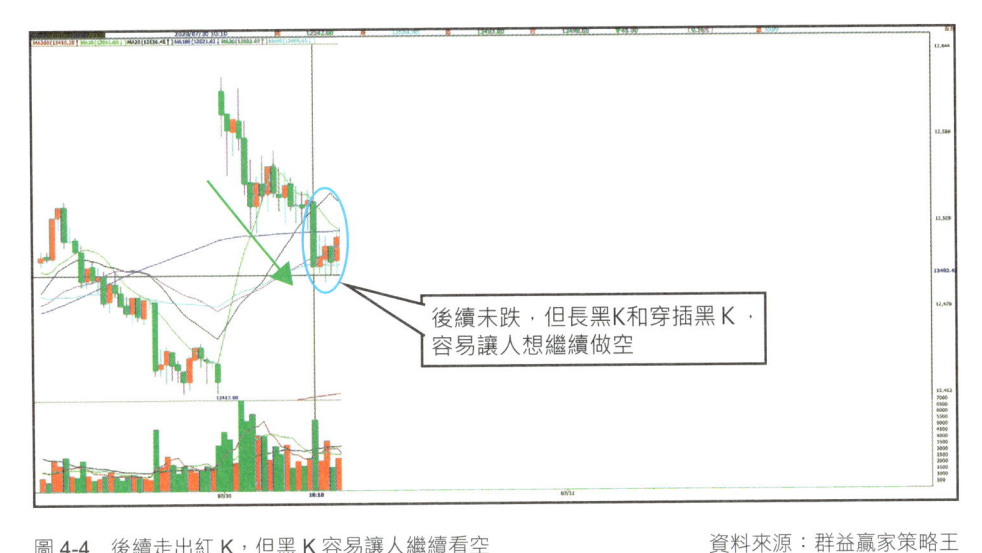

圖 4-4 後續走出紅 K，但黑 K 容易讓人繼續看空　　　　　　資料來源：群益贏家策略王

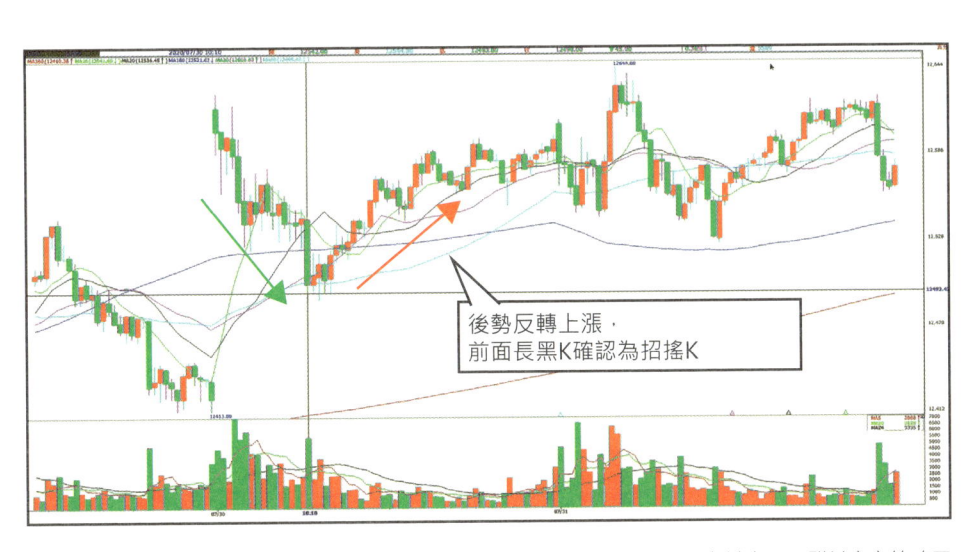

圖 4-5 走勢反轉，關鍵黑 K 確認為招搖 K　　　　　　資料來源：群益贏家策略王

前面這個招搖 K，是看似要下跌、實則要上漲的長黑，但反過來也成立；也就是說，看似要預備上漲的長紅，也可能是招搖 K。

如圖 4-6 圈起來的這根紅 K，它出量上漲之後，接著幾根 K 棒都沒有再續推，甚至逐漸把整支長紅 K 都吞掉，讓看到長紅做多的投資人，始終無法拉大獲利，甚至轉為虧損。我們就可以推測，前面的出量長紅 K 高機率是招搖 K。

考慮到招搖 K 出現的位置，它也可以是一段跌勢的落底 K ／止跌 K，或是一段漲勢的止漲 K ／收尾 K。儘管名稱各異，但表現出來的 K 棒樣貌是一樣的，就是**後續走反向的關鍵 K。**

總結來說，當我們看見一根有量有價的關鍵 K，要知道後續可能走同向，也可能走反向（見圖 4-7）。像是圖 4-8 圈起的兩根長紅 K，兩根都有量有價、為關鍵 K，但後續走法就截然不同，第一根是轉強 K，後續走同方向；第二根是招搖 K，後續走反方向。

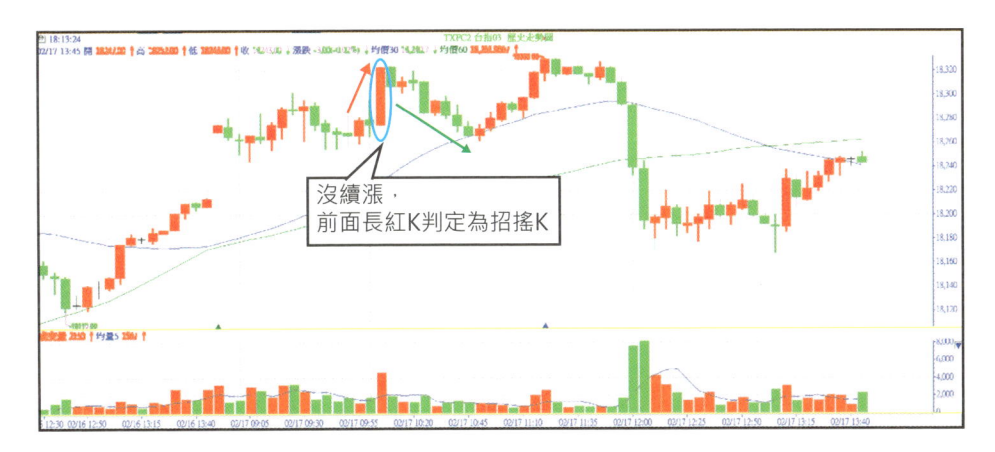

圖 4-6　長紅 K 出現沒續漲，判定為招搖 K　　　　　　　　　資料來源：元大點金靈

轉強K～轉弱K～突破K～跌破K～後續同方向

有量有價＝關鍵K

招搖K～騙線K～引導K～落底K～止漲K～收尾K～後續一定走反向

圖 4-7　關鍵 K 出現，後續可能走同向，也可能走反向

圖 4-8　同是關鍵紅 K，一個續漲，一個轉跌　　　　　　　　資料來源：統 eVIP 全球版

招搖 K 越大根、影線越短，越有說服力

許多投資人在看到大根 K 棒後，會選擇順勢進場，這非常合理。而招搖 K 之所以影響力很大，在於它夠大根、夠招搖，即使下一根的走勢並不延續，還是讓人傾向認為它就是表態 K，只要後面走出一根與招搖 K 同方向的 K 棒，就會加深投資人跟著做的欲望。

投資人會那麼相信招搖 K，除了**實體部分夠大**以外，K 棒的收 K 位置亦是一大原因。

若為招搖黑 K，那麼**收 K 往往收在相對低點，而且幾乎沒有下影線，或者下影線不到實體的一半**，足以說服投資人這是根純空方 K；相同道理，如果是招搖紅 K，則是**收在相對高點，而且幾乎沒有上影線，或者上影線不到實體的一半**，讓人認為盤勢就是表態要向上。

舉例來說，圖 4-9 的下影線黑 K 出現時，儘管成交量不低，但因為招搖 K 的認定是偏向實體黑 K 或實體紅 K，所以看到這根 K 棒縮腳、影線長約實體的二分之一（見圖 4-10），我們就能推測它可能不是招搖 K；當下一根跌破其低點，更證實了我們的推測。

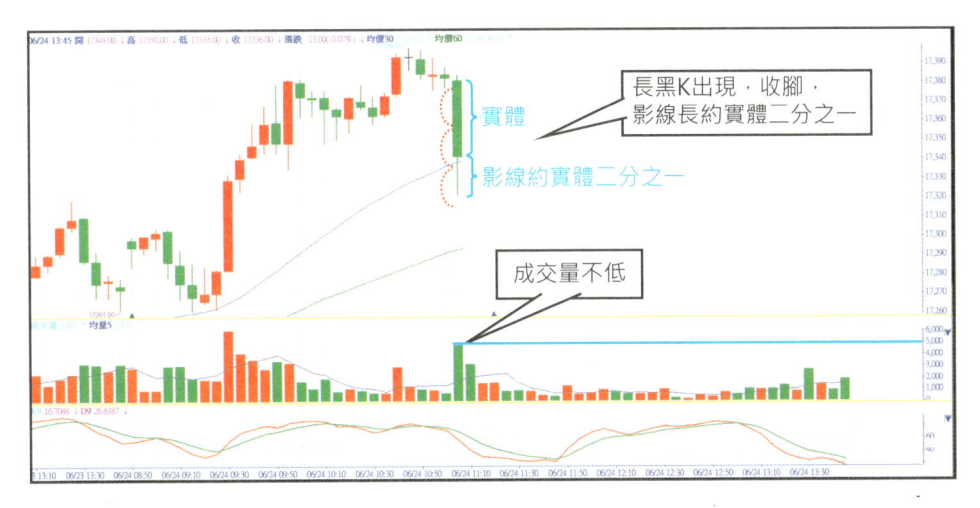

圖 4-9　是續跌黑 K，還是招搖 K？　　　　　　　　　　　　資料來源：元大點金靈

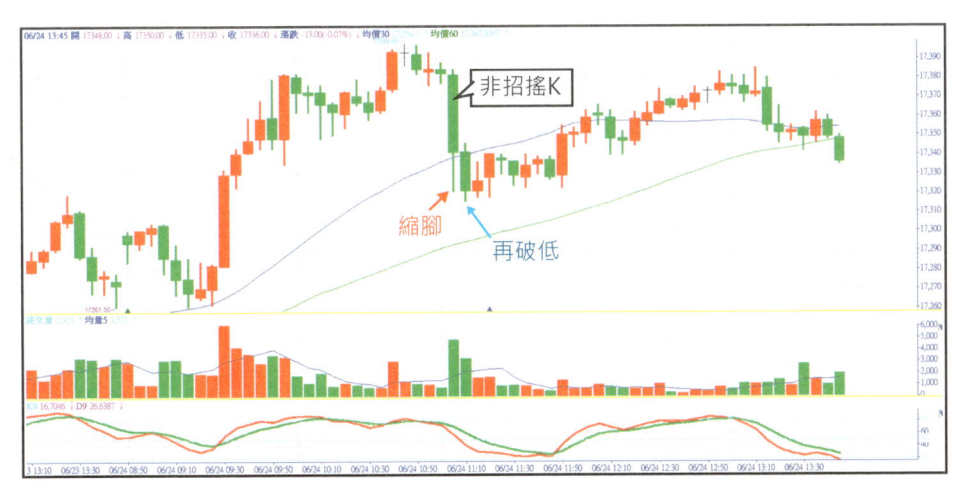

圖 4-10　帶長影線的 K 棒，較可能不是招搖 K　　　　　　　資料來源：元大點金靈

平平都是招搖 K，反轉力道為何不同？

除了前面提到的——實體部分又大又醒目，且影線通常不會超過實體的二分之一——招搖 K 還有一個特性，那就是**有一定程度的成交量**。

由於單一 5 分 K 棒的成交量，會直接影響漲跌幅大小，於是就形成了越大支的 5 分 K，量也一定越大的觀念。在過去台股 15,000 點以下的年代、微台指也還沒上市的時候，大台期招搖 K 的成交量通常落在 6,500 到 7,500 口（換算漲跌幅約 60 到 80 點，是中大型盤當沖的量）（見圖 4-11），這樣價差才夠招搖。

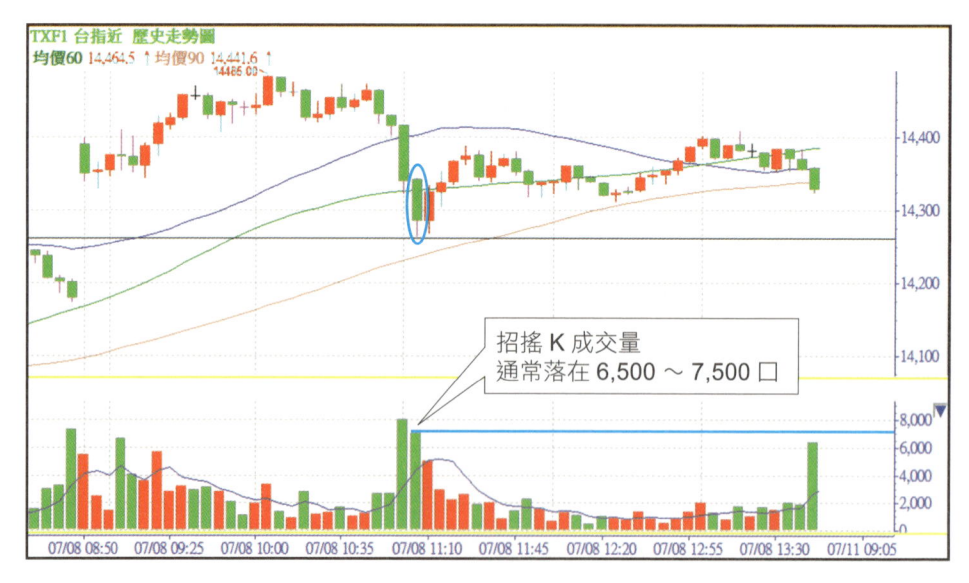

圖 4-11　招搖 K 的成交量，通常落在 6,500 到 7,500 口　　資料來源：元大點金靈，2021/07/08

但這是「通常」，不是一定，不只會因為大盤指數增加而提高，還會受到當天的盤型影響，光是大型盤和小型盤的成交量就不一樣了。比方說圖 4-12 圈起的黑 K，成交量就高於 7,500 口，圖 4-13 圈起的黑 K 則低於 6,500 口，顯然不是這麼標準，但就後續盤勢來看，這些的確都是招搖 K。

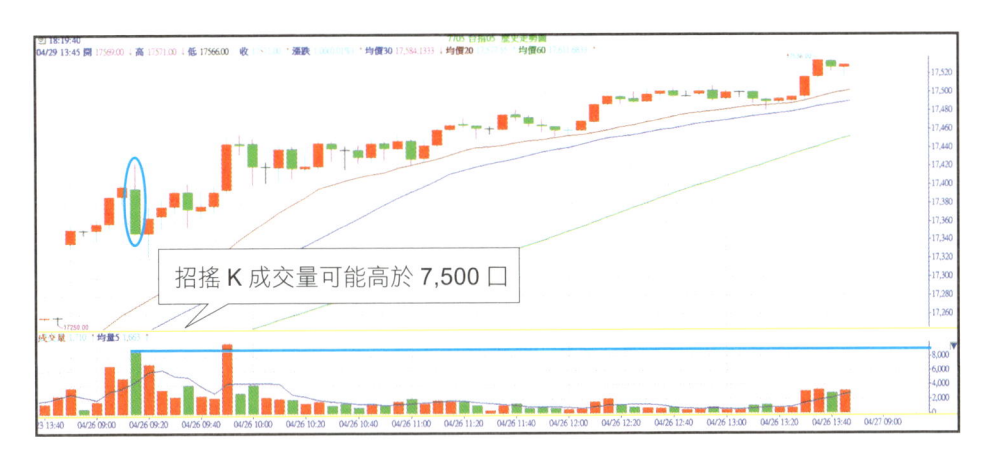

圖 4-12　招搖 K 成交量可能高於 7,500 口　　　　資料來源：元大點金靈，2021/04/26

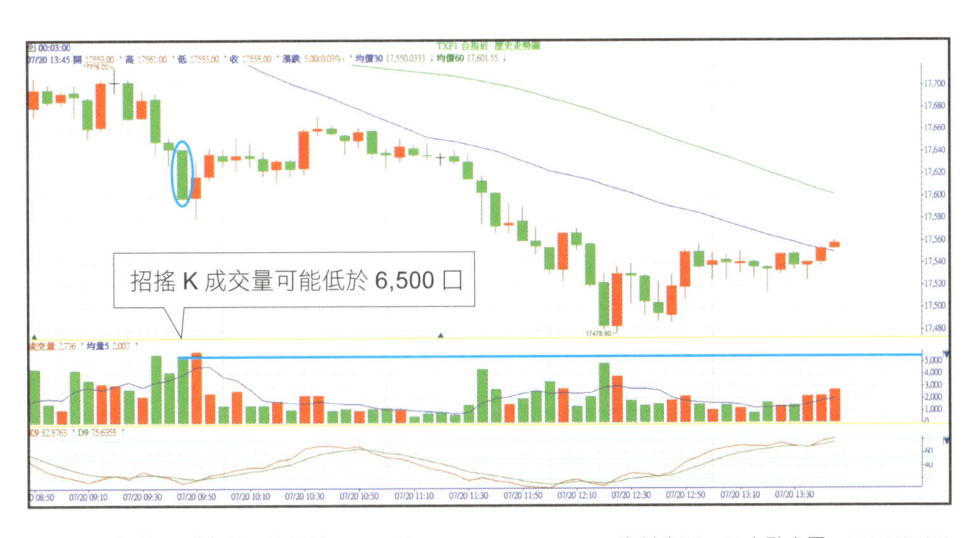

圖 4-13　招搖 K 成交量可能低於 6,500 口　　　　資料來源：元大點金靈，2021/07/20

然而，隨著保證金一直調高，如今一口大台要 35 萬 4,000 元，一口小台也要 8 萬 8,500 元，跟過去的大台保證金差不多，所以現在大台已經沒有 6,500 到 7,500 口這種成交量了，一大部分都轉移至小台，但小台成交量也不常到六、七千口。再加上期交所於 2024 年 7 月推出微台，又瓜分了成交量，目前大台單一 K 棒的成交量有 3,000 口就算多了。

以圖 4-14 到 4-16 來看，同樣一根招搖黑 K 的成交量，在大台約 3,000 口，在小台約 5,200 口，在微台約 2,600 口。由此可大略估計，小台成交量變成大台的 2 倍，微台成交量又是小台的一半。日後在觀察時，也要注意時空背景的變化，適時調整判斷依據。

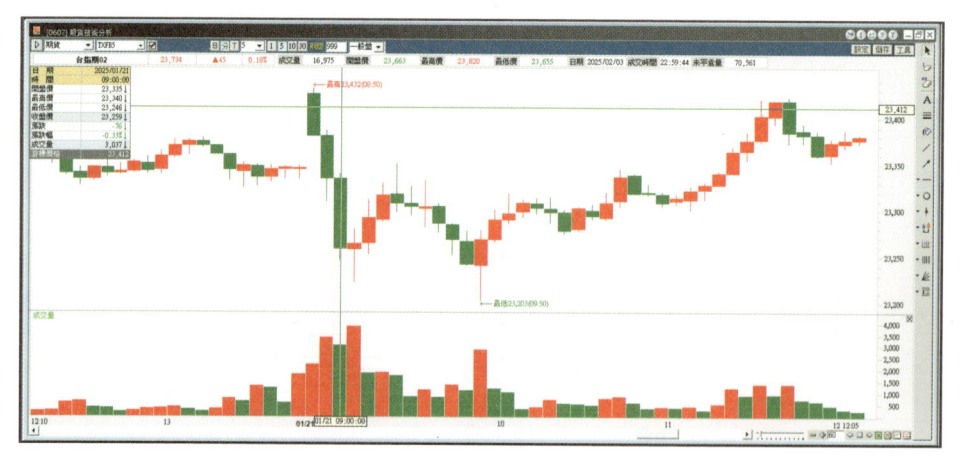

圖 4-14　大台單一 K 棒的成交量有 3,000 口就算多　　　　　　資料來源：統 eVIP 全球版

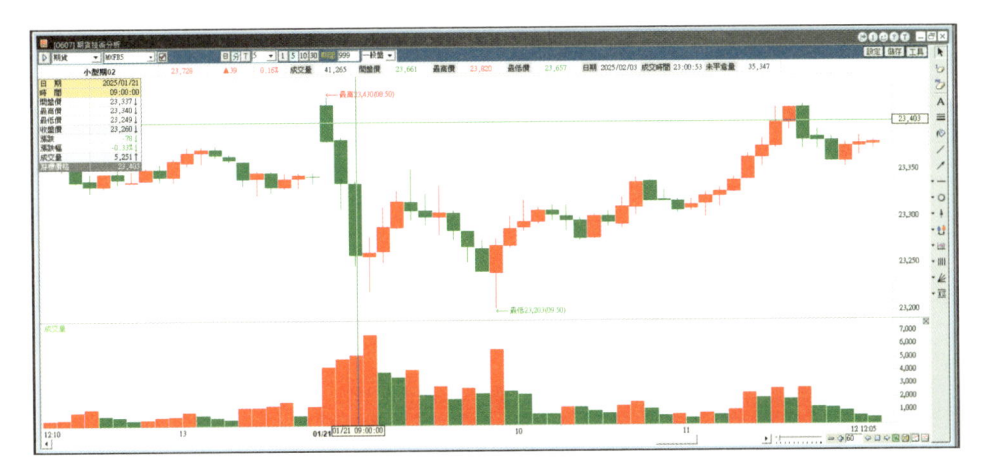

圖 4-15　小台成交量約大台的 2 倍　　　　　　　　　　　　　　資料來源：統 eVIP 全球版

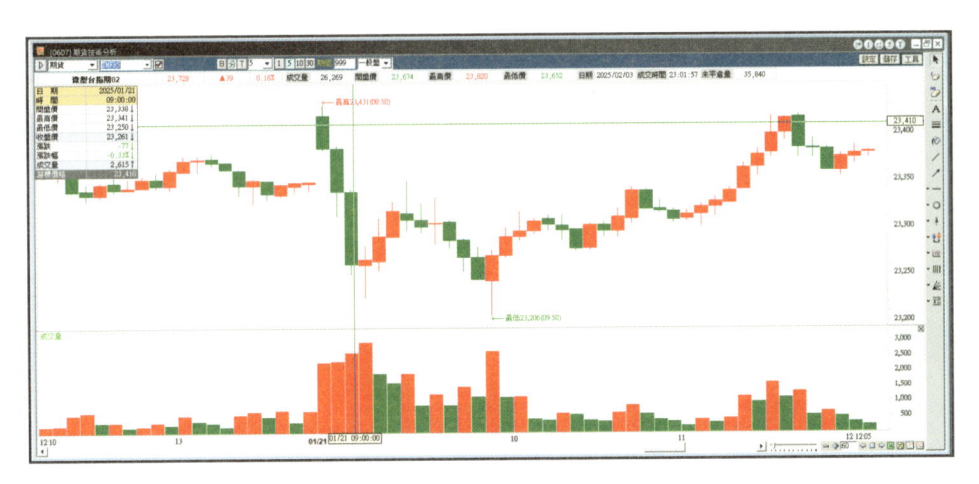

圖 4-16　微台成交量約小台的一半　　　　　　　　　　　　　　資料來源：統 eVIP 全球版

成交量越大的招搖 K，反轉力道越強，最強的就是一口氣直接反轉；反之，量越小的話，反轉力道相較越弱，甚至反轉了卻吞不掉招搖 K。

舉個例子，從圖 4-17 可以看到，2021 年 12 月 6 日出了一根落底招搖 K（黃圈），下跌 62 點，成交量有 6,646 口；隔天 12 月 7 日，也有一根落底招搖 K（藍圈），下跌 46 點，成交量更是來到 7,289 口。而兩天後續皆上漲了差不多 200 點。

再隔天 12 月 8 日，同樣出現落底招搖 K（見圖 4-18），下跌 36 點、成交量 3,565 口，但後續甚至吞不過這根招搖 K，盤勢又轉而往下。當殺出來的量越多，反轉上去的動能越強，然而一經對比，這天殺出來的量只有前兩天的一半而已，反轉動能較弱，只能看作小型的招搖 K。

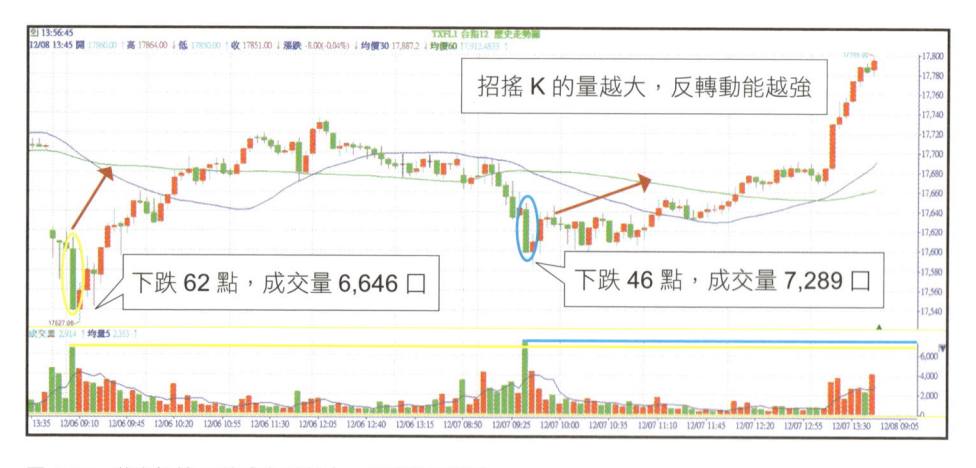

圖 4-17　落底招搖 K 的成交量越大，反轉動能越強

資料來源：元大點金靈，2021/12/06 到 2021/12/07

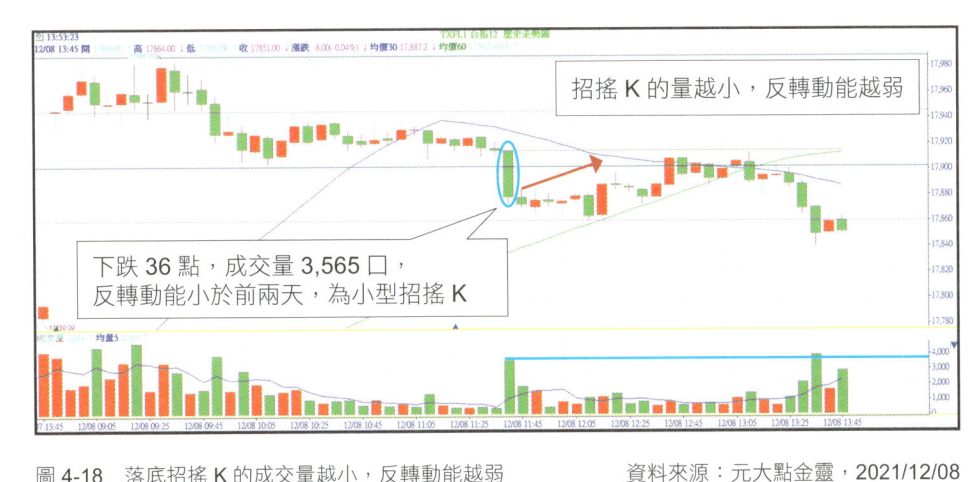

圖 4-18　落底招搖 K 的成交量越小，反轉動能越弱　　　資料來源：元大點金靈，2021/12/08

等待 3 根 K 棒，招搖 K 自己會承認

　　看到這邊，要提醒大家，不要把重點放在辨識招搖 K，而是留個心眼，提醒自己有這種可能性，如果真的走出來了，自己也能及早反應。畢竟當一根有價有量的長黑 K 出現時，有人能篤定地說這百分之百是起跌 K 還是招搖 K 嗎？

　　很抱歉，幾乎不可能。

　　畢竟我們都不是控盤者，自然也**沒有辦法在大根 K 棒走出來的第一時間，就知道它是不是招搖 K**。

　　所以在實務操作上，我們要做的也不是在當下判斷它是不是招搖 K（這得靠後續走勢來驗證），應該注重「如何應對」──推估、觀察、確認，不如預期就退，如同預期就依照自己的操作策略轉保本，嚴守 SOP。

以台指 5 分 K 大跌盤為例，假設一根黑 K 下跌 50 點，而在還無法確認那是否為招搖 K 的情況下，投資人想下空單也很合情合理。所以這個時候做空，當然沒關係。

▎長紅或長黑後的走勢是判斷關鍵

但招搖 K 與下殺 K 的關鍵差別，就在長黑 K 出現後的走勢。我建議**多給它 3 到 6 根 K 棒的時間**，也就是大約 15 到 30 分鐘，**讓 K 棒自己告訴你，它究竟是不是招搖 K**。

怎麼看？當遇到大跌盤下殺 K，下跌的動能會延續，接下來 3 根 K 棒的下跌程度，會超過下殺 K 的二分之一（假如下殺 K 有 50 點的話，就是再下跌超過 25 點），有量也有價，給追價單賺錢，讓投資人有獲利平倉的念頭（見圖 4-19）。

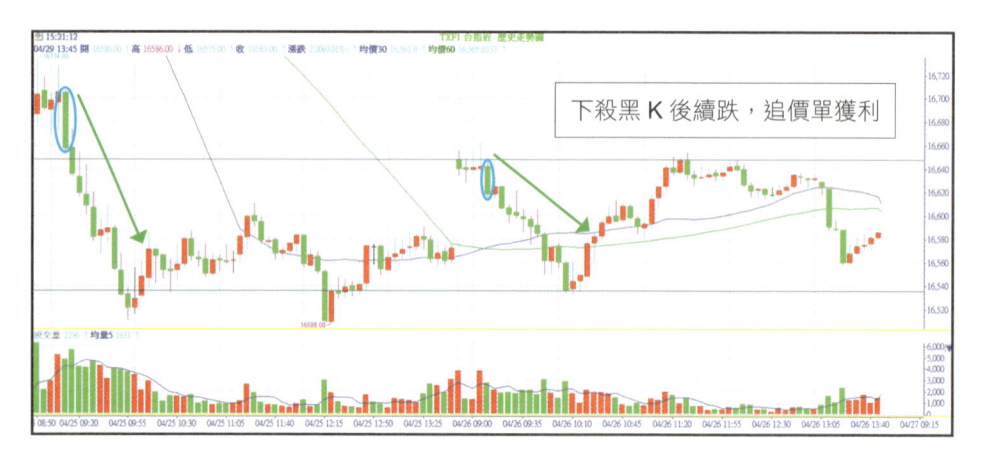

圖 4-19　長黑為大跌盤下殺 K，後面再出連續黑 K　　　　　資料來源：元大點金靈

如果下跌 50 點的黑 K 是招搖 K，它會像下殺 K 一樣是根有量有價的長黑 K，吸引投資人去追價賣空。

但既然是騙人的，不是真的要下殺，可不能這麼快被看破手腳，要給人一絲希望，才能吸住空單。所以這時，後續 K 棒通常會去測低，可能跌破長黑 K 的低點，卻不拉開太多（測低），把獲利壓縮在長黑 K 二分之一的點數以內，在此例即 25 點，讓投資人覺得退單可惜，願意再等等看。

隨後，K 棒開始反彈超過長黑 K 實體的二分之一，並且持續往上走，就這樣越過長黑實體二分之一，在長黑實體二分之一和其開 K 價之間跳動（測高）。到這裡，我們就能推測，長黑 K 有 70% 的機會是招搖 K。

等到 K 棒繼續往上走，逐漸把長黑 K 吞掉，我們便要反應過來：「中計了！那根長黑 K 有 90% 的機會是招搖 K！」

▎收在黑 K 上二分之一，多方力道強

前面不續跌走反轉的過程，**大約會持續 3 到 6 根 K 棒的時間，且大多可以分成兩組，前 3 根 K 棒測低，後 3 根 K 棒測高**（見圖 4-20）。

切記，這一樣不能看死，有些盤勢夠強，不到 3 根就能反轉吞過招搖 K（見圖 4-21）；有些盤勢沒那麼強，就可能走超過 6 根（如圖 4-20 右側）來吸籌碼，這時可以觀察招搖 K 後續 3 到 6 根 K 棒，如果幾乎都收在招搖 K 二分之一上方，表示具有一定的力道，**一旦吸引越多單子進場、累積越多籌碼，後續行情越大。**

一根有量有價的 K 棒是招搖 K 還是表態 K？需觀察：

- **時間：3～6 根 K 棒**
  看順勢做能否拉開利潤（超過 K 棒的一半點數）。
- **價格：K 棒的二分之一**
  看是 K 棒實體二分之一過不去，還是實體往下二分之一守不住。

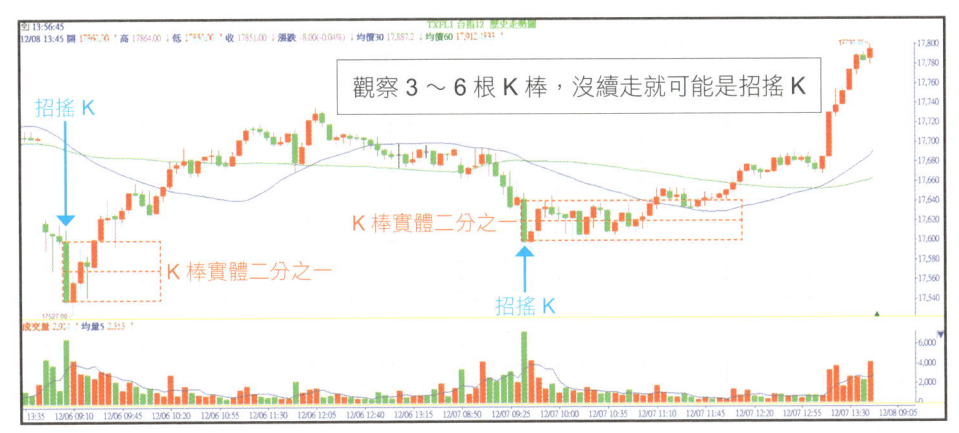

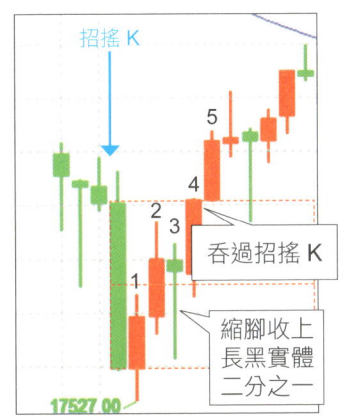

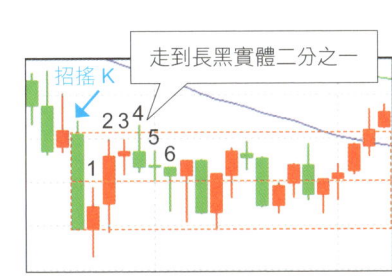

圖 4-20　觀察 3 到 6 根 K 棒，沒續走就可能是招搖 K　　　　　　資料來源：元大點金靈

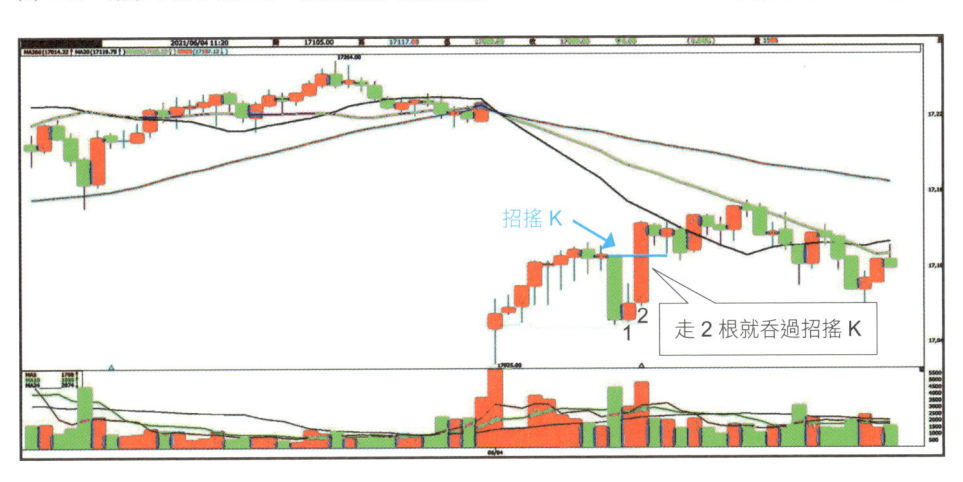

圖 4-21　反轉力道強的，只走幾根就吞過招搖 K　　　　　　資料來源：群益贏家策略王

既然都知道自己極有可能上當，這樣還要抱著賠錢單、凹著不放嗎？要知道，我們無法篤定會不會回跌，如果運氣好，後面回跌給人機會解套，但等待過程的煎熬，不是人人都受得了；若運氣不好，盤勢一路上漲不回頭，那及早停損更是正確的選擇。

這就像是搭火車，本來要從台中北上前往台北，上車才發現自己搭成南下列車，那該怎麼辦呢？剛好搭上環島列車的人，自然有餘裕耗費時間、等車開到台北；但大多數人應該會選擇早點下車，改搭反向車次，趕時間的人說不定都在搜尋高鐵時刻表了。

操作的邏輯，其實正是如此。面對一個並非百分之百的訊號，我們接下來該怎麼行動，才是重點所在。

依個人主／被動操作，抓住反轉動能

一旦盤面疑似走出一根招搖 K，我們該如何應對呢？在實際操作上，會影響盤勢的因素很多，招搖 K 出現的後續走法，自然不只一種，而各自又有不同的應對方法，所以我們才需要試單，驗證自己的推測。

至於如何應對，與採取主動操作還是被動操作有關。

主動操作

當看到一根有量有價的紅／黑 K，投資人**主觀認定是起漲／起跌 K** 的話，可以選擇在下一根回測紅／黑 K 二分之一順勢做多／做空，並設定停損。

要注意，K 棒二分之一是個常見的回測動能範圍，但也不一定會測到讓投資人進場，這在單元三有提到。另外，可以將紅 K 低點

／黑 K 高點設為停損點，但要是 K 棒太大根、設損點數太大，就不建議這麼做，應回歸到以個人能承受的點數為主（見圖 4-22）。

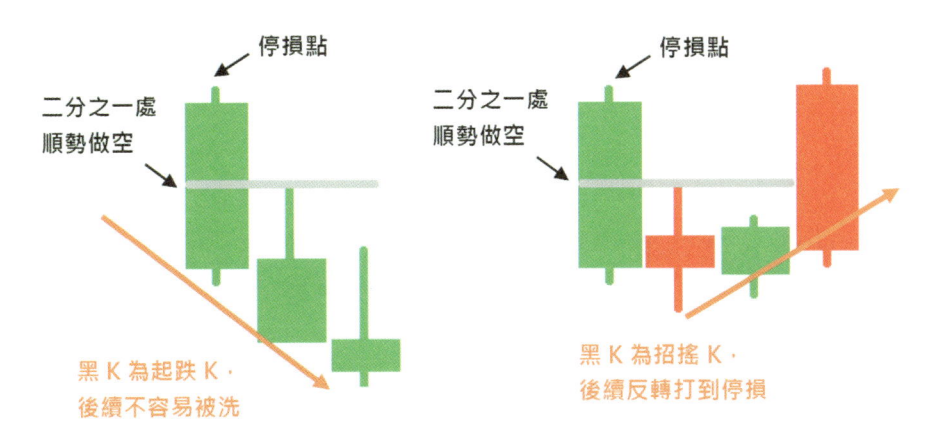

圖 4-22　主動操作範例：主觀認定是起跌 K 做空　　　　　　　資料來源：作者提供

若投資人**主觀認定是招搖 K**，可以選擇在招搖紅 K 收 K 時、或者下一根過高時市價做空，招搖黑 K 就反過來，在收 K 或下一根破低時市價做多，並依個人承受能力設定停損（可以設定 K 棒點數的一半，例如一根 K 棒 20 點，停損點數就設 10 點，但還是要以自己能承受的點數為主）。

如果觀察了 3 到 6 根，確認前面大根 K 棒的確是招搖 K 的話，由於進單在相對有優勢的地方，所以即使後續回測、價格往下跳動又拉回，在這個過程中，也比較不會因為價格打到設保本或移動停利的位置（觸價），而自動執行退場，也就是單子比較不會被洗掉，能保有較大的價差利潤。

若大根 K 棒並非招搖 K，趨勢續走，便會達到停損點出場（見圖 4-23）。要注意的是，價格到設定的停損點就該出場，不能想說要觀察 3 到 6 根，眼睜睜看著型態明明不對了，卻還是凹了 3 到 6 根。

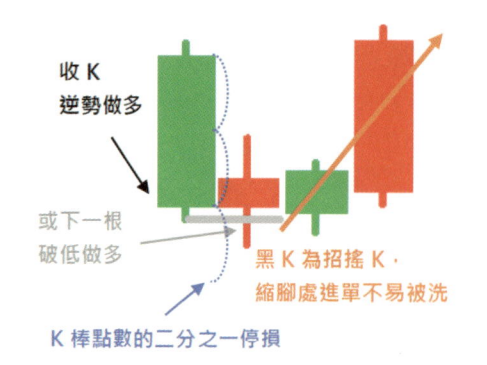

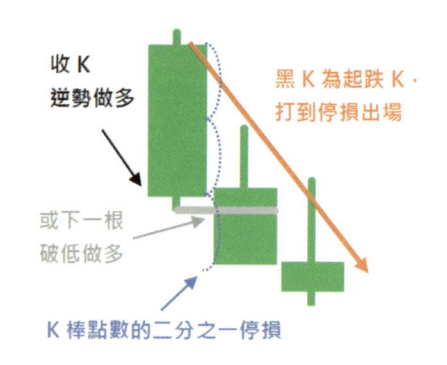

圖 4-23　主動操作範例：主觀認定是招搖黑 K 做多　　　　　　　　資料來源：作者提供

被動操作

　　當看到一根有量有價的 K 棒，採取被動操作的投資人，可以先觀察 3 到 6 根 K 棒，等方向比較確定了再進單。比如招搖黑 K 殺下來時不動作，觀察到漲回招搖 K 的二分之一、確實不繼續下跌了，這時再做多。

　　由於是確定了型態後才進場，投資人的心理壓力相對較小，但因為進單點位不像主動操作那麼有優勢，萬一遇到回測較深的 K 棒，就容易被掃出場。如果想要讓進場位子盡量好一點，可以趁著回測進場，例如在回測招搖黑 K 的低點並縮腳時進場。

　　趁回測進單也有二分之一可以抓。前面說過，若大根 K 棒真的是招搖 K，順著做的單子賺不到什麼錢，獲利會被壓縮在半根招搖 K 棒的點數以內，因此我們可以挑在壓縮範圍的二分之一處進單，再設 K 棒的一半點數當作停損，就能夠降低單子被洗掉的機率。

　　什麼意思？假設招搖黑 K 走出來有 60 點，一半是 30 點，我們

可以往下抓 30 點作為獲利壓縮範圍，此範圍的二分之一（往下 15 點）就是我們的進場點，然後設 30 點停損（見圖 4-24）。但要注意，價格不見得會走到我們設的進場位置，而停損一樣要以自身能承受的點數為主。

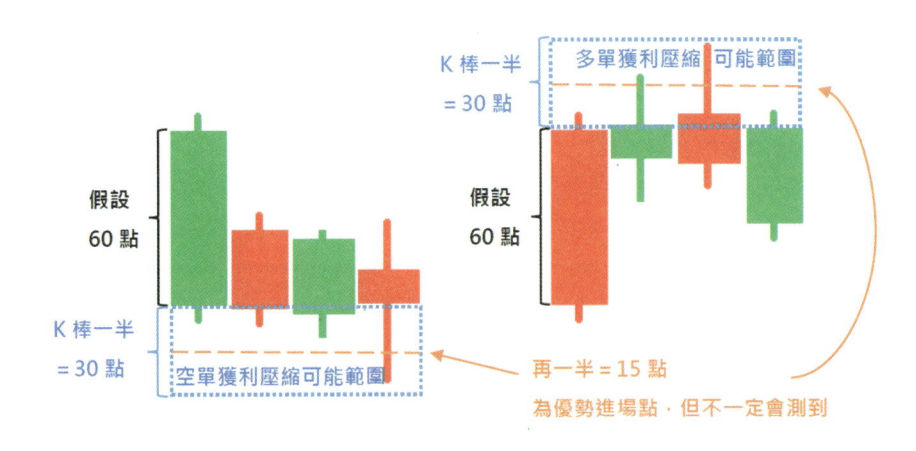

圖 4-24　被動進場在更有優勢的地方，能降低被洗單的機率　　　資料來源：作者提供

簡而言之，主動操作若判斷正確，後續較不容易被洗到，獲利速度也快，不過要承擔預判錯誤的風險；而被動操作來得更保險、心理壓力較小，卻多了單子被洗掉的風險。兩者並無孰優孰劣，端看投資人的個性決定，找到適合自己的方法最重要（關於主被動操作，詳見單元七）。

招搖 K 越早出現，反向利潤越大

長期觀察統計下來，大盤在未突破 20,000 點之前，每天最高價與最低價的差距、也就是日價差，差不多一百多點；大盤突破 20,000 點之後，日價差跟著提高至 150 到 250 點這個區間最常見（關於日價差，詳見單元五）。

想想看，如果先出一根招搖黑 K，再反轉向上 150 點，那麼是越早出現的招搖 K 比較有機會達成，還是接近收盤的招搖 K 比較容易達成呢？

從圖 4-25 可以看到，左邊招搖黑 K 比較早出現，要爬升 150 點的坡度比較平緩，況且日價差還沒走出多少，所以差距 150 點的可能性也比較高；反觀右邊，招搖黑 K 比較晚出現，不僅剩沒多少時間急拉，且前面盤法可能已走出一定點數的日價差，沒什麼空間再往上拉，招搖黑 K 反轉向上 150 點的機率自然較低。

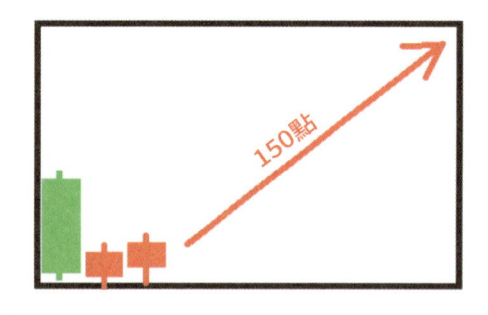

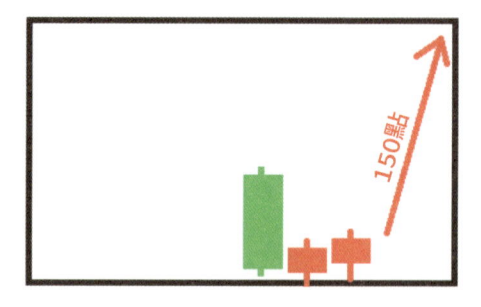

圖 4-25　招搖 K 出現時機，影響反轉 150 點的難易度　　　資料來源：作者提供

基於前述論點，要是當天波動還不大，招搖 K 又較早出現，再加上量能足夠，就有很大的機會反轉拉出較多價差。

我們大概抓反轉 100 點，日盤走 5 個小時，如果第一個小時就出現招搖黑 K，那麼將其最低價或收 K 價（招搖 K 通常影線不長，兩者不會差距太多，可以多點寬容空間）往上加 100 點，可能成為上漲止勢區間；若為招搖紅 K，將其最高價或收 K 價往下扣 100 點，可能成為下跌止勢的區間，這便是我們能反過來利用招搖 K 的套利空間。

但別忘了，這些都是估計，不表示一定會差距 100 點，**除了招**

搖 K 出現的時間，還要考慮到招搖 K 出現之前已經拉出的價差。 如果第一個小時出現帶量的實體長黑 K，但前面已經拉了 200 點了，那這個黑 K 成為招搖 K，並且反向繼續拉 100 點的機率就沒這麼高了。

會影響盤勢的因素很多，例如前方的支撐、壓力、均線，甚至控盤者在夜盤才要拉大價差等，都會影響招搖 K 後續的反向價差。當遇到量縮盤整盤，日價差不超過 100 點，即使再有耐心，也等不到差距 100 點。

首個招搖 K 影響下個招搖 K 漲跌幅

另外，如果在同一天出現不只一根招搖 K，即使招搖 K 的點數差不多、長得差不多大根，招搖 K 後的反向動能，也會有差異，這是受到第一根招搖 K 的影響。

就拿圖 4-26 的兩根招搖 K 來看，左邊黑 K 出現後，上漲了約 100 點；但右邊紅 K 出現後，下跌不到 100 點，壓制了差不多 1 小時，接著又慢慢爬升。為何會這樣？因為兩根都像招搖 K 的話，前面那根先出現，會先吸到空單套住、成為支撐區，導致後面的招搖紅 K 拉回幅度有限，較難下跌到 100 點。

既然前面有很多人做空，當招搖紅 K 出現時，前面進場做空的必須退掉大部分，沒什麼單子套在下面了，才有機會回跌 100 點。

而一般在**評估會不會停損退場，有兩種思考邏輯，一個是價格，一個是時間**。價格會帶來帳面壓力，時間消耗則會帶來心理壓力。因此，如果招搖 K 出現的時間並不久，價格和時間方面都尚未造成壓力的話，通常不會預估短時間內再出第二根。

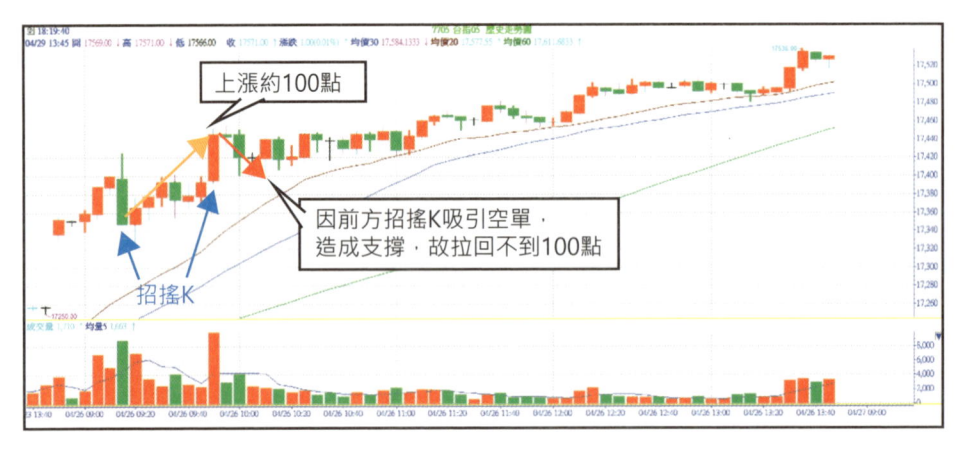

圖 4-26　招搖 K 反向動能約 100 點，但不是每次如此　　　　資料來源：元大點金靈

我總是在強調「只有相對，沒有絕對」，操作要的也不是筆筆穩賺不賠，這太難了，應該要追求賺大於賠才對。而且必須尊重盤型變化，不能死腦筋地認定 A 出現後，就非得出現 B 不可；取而代之的，是看到 A 出現後，腦中想到可能會出現 B、C、D，自己在這些情況下，又分別要採取什麼行動。

或許有人會說：「既然不是一定，那幹嘛還要判斷招搖 K？」我認為最大的優點，就是能讓我們保持操作彈性，做到「少賠」、及早下車。若進一步反向操作，甚至能化險為夷、由虧轉盈。

另外，當我們等了幾根 K 棒的時間，認定大根 K 棒很高機率是招搖 K，那麼面對中途回測，心情就會從「是不是真的要突破了」，轉變成「有機會在更有優勢的點位進場了」，同時觀察目標 100 點的位置，無論到達與否，都能事先想好應對策略。

光是這樣，就是往反敗為勝的路上跨一大步了。

單元思考

1. 什麼是招搖 K？它哪裡招搖？
2. 順著招搖 K 的方向進場，獲利常被壓縮在多少點？
3. 要如何判斷一根 K 棒是不是招搖 K？
4. 遇到招搖 K 時，要怎麼進場操作？
5. 影響招搖 K 反轉力道的因素有哪些？

PART 5

日價差

每天的價差多寡,
也有些慣性可抓

> **里長伯廣播**
>
> ★ 每一筆偉大的交易，
> 一開始都是毫不起眼的。★

我的投資經驗超過 20 年，這段時間接觸過不少方法來判斷盤面撐壓。但在實際操作的過程中，有時會遇到支撐及壓力皆已滿足，但漲跌幅還在擴大的狀況，根本無從判斷到底要跑去哪。

也有時候，判斷工具根本沒辦法使用，比方說均線好了，如果盤勢很強，強到價格拉到高於均線，上方就沒有均線可以當作壓力參考，下方均線又離太遠，無法作為支撐，純看均線的人自然難以操作。

這就勾起我的好奇心了。擴大的話會多大？不擴大的話又可能多大？為什麼？這些是每個交易日都一定會碰到的問題。在我的認知裡，投資就是一門統計學，只要數據夠多，便能發現其中的慣性，於是我開始蒐集資料，進而發現「日價差」的邏輯。

股價影響大盤，大盤帶動期貨

所謂「日價差」，就是當天盤勢最高點和最低點的差距，表現出每日漲跌時動能所涵蓋的範圍。而**日價差的大小，主要考量三個因素：**

1. 大盤當下的價格係數處於什麼位階。
2. 當天盤勢波動的大小。
3. 當天大盤的成交量。

2020 年之前，大盤點數（加權指數）最高約 12,000 點，每年高點更常出現在 10,000 點左右（見圖 5-1）。一直到 2020 年 7 月，大盤才終於突破 1990 年的高點 12,682，而後又經歷幾次回測，於 11 月正式往上拉升（見圖 5-2）。

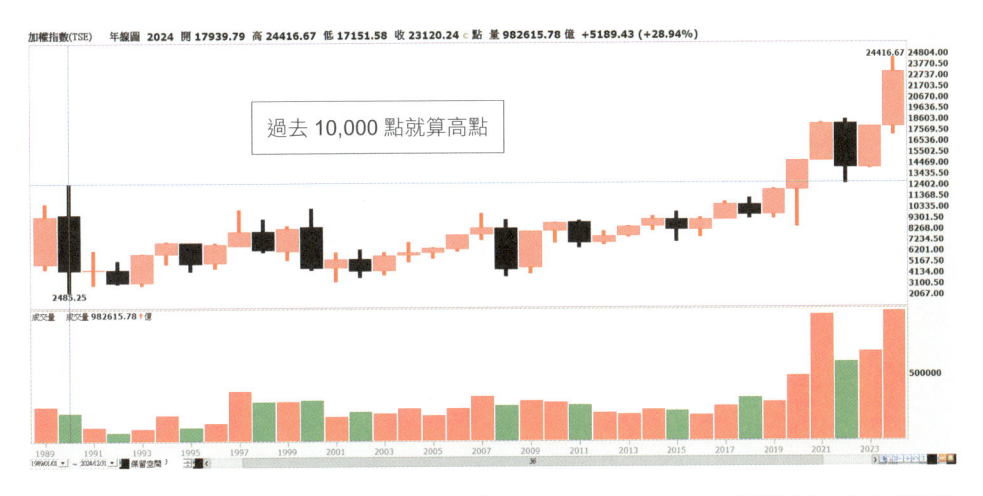

圖 5-1　加權指數在 2020 年之前不超過 13,000 點　　　　資料來源：XQ 全球贏家

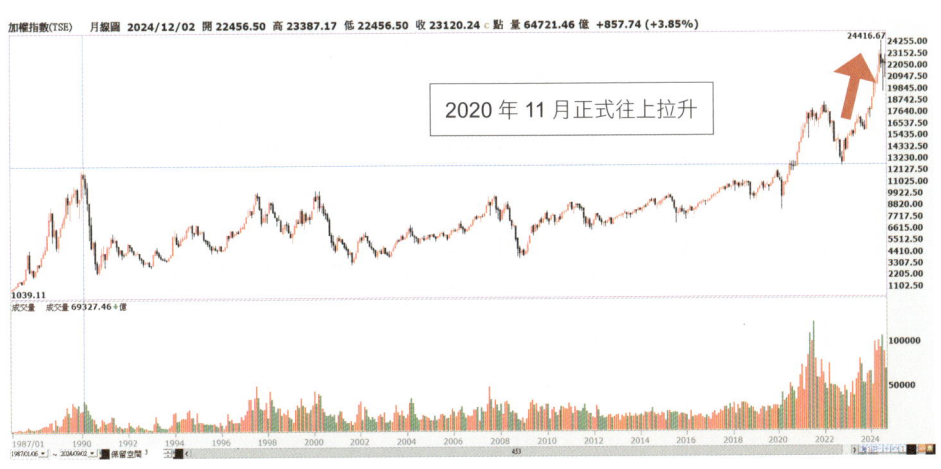

圖 5-2　大盤指數從 2020 年 11 月正式往上拉升　　　　資料來源：XQ 全球贏家

大盤代表什麼？正是台股的整體表現，以加權指數來呈現，如果大部分股票的價格拉高，就能帶動大盤價格衝高；反之亦然，要是大部分股票的價格下跌，大盤價格也會跟著下跌。

加權指數既然是「加權」，就表示在計算該指數時會加入權數，加重某些股票的百分比分數。而在台灣，是以上市股票之市值當作權數來計算股價指數；換句話說，一旦某檔股票的市值越大，對於加權指數的影響也就越大。

台股中討論度最高的股票──台積電（2330），總市值達新台幣 28 兆元（2024/12/24 統計），在台灣上市公司排名第一，且該市值占大盤比重足足有 **36.5%**（見表 5-3、5-4）。由此可知，台積電（2330）與台股的漲跌可謂關係密切。

排名	公司名稱（股票代號）	市值（億）	殖利率／年度
1	台積電（2330）	280,073.52	1.20／112
2	鴻海（2317）	25,715.85	2.91／112
3	聯發科（2454）	22,503.70	3.90／112
4	富邦金（2881）	12,545.13	2.74／112
5	廣達（2382）	11,240.24	3.11／112
6	台達電（2308）	11,052.55	1.53／112
7	國泰金（2882）	10,107.09	2.90／112
8	中華電（2412）	9,580.45	3.82／112
9	中信金（2891）	7,720.68	4.58／112
10	日月光投控（3711）	7,257.85	3.24／112

表 5-3　上市公司市值排行前 10 名（節錄）
資料來源：台灣證券交易所，2024/12/24 統計

排名	證券名稱（代號）	市值占大盤比重
1	台積電（2330）	36.4906%
2	鴻海（2317）	3.8289%
3	聯發科（2454）	2.8399%
4	富邦金（2881）	1.699%
5	廣達（2382）	1.588%
6	台達電（2308）	1.3982%
7	國泰金（2882）	1.3616%
8	中華電（2412）	1.348%
9	中信金（2891）	1.0367%
10	日月光投控（3711）	0.9443%

表 5-4 加權指數成分股暨市值比重（節錄）
資料來源：台灣證券交易所，2024/11/29 更新（此資料每月月底更新一次）

從圖 5-5 我們可以看到，台積電於 2017 年 10 月突破 2000 年 2 月的高點 222 元，並在 2020 年 3 月深度回測，隔月正式拉升，2020 年 11 月突破 500 元大關；後續幾乎一路向上，2024 年更是突破千元大關。

將時間拉長來看，會發現台積電與加權指數的走勢的確相當接近（見圖 5-6）。

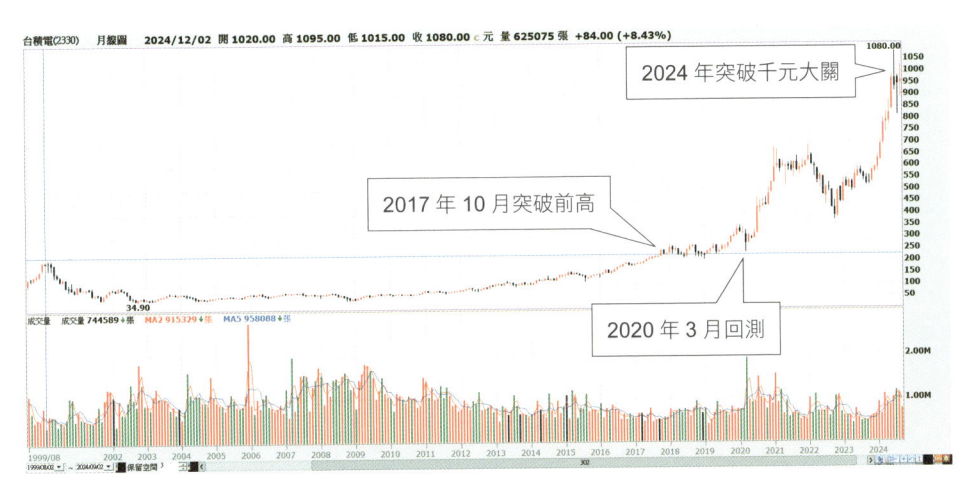

圖 5-5　台積電（2330）月線圖　　　　　　　　　　　　　　資料來源：XQ 全球贏家

圖 5-6　2015 到 2024 年月線圖：台積電（2330）VS. 加權指數　　資料來源：XQ 全球贏家

一旦股票價格普遍拉得很高,大盤價格便隨之衝高;股價普遍跌得很低,大盤也會重摔。而期貨這種商品,賺的既然是指數的價差波動,那麼大盤上漲或下跌的動能,也會轉換到期貨上,讓期貨的日價差波動範圍越來越大。有鑑於此,追本溯源來說,期貨是由股票所帶動的(見圖5-7)。

　　而實際上,台積電股價突破千元的意義重大。股票價格升降單位有級距,100元至未滿500元的股票跳一檔是0.5元,500元至未滿1,000元每跳一檔為1元,至於1,000元以上的股票,每跳一檔就是5元。想想看,一樣要漲20元,是1,000元以上的股票比較容易,還是未滿1,000元的股票比較容易?一定是前者比較容易,只要跳4檔即達標,低於後者要跳的檔次。

　　由此可知,隨著台積電突破千元大關,不只是推動大盤越漲越高,台積電的股價也比過去更容易震盪,這同樣會影響到大盤(台積電影響大盤權重的比例約0.8,表示漲10元時,可帶動大盤漲80點左右),進而讓期貨波動得更快、振幅更大,日價差也跟著變大。

　　台積電站上1,000元,可說是帶領市場進入一個新時代,獲利與虧損的投報率與速度皆提升了。當台積電股價越來越高,做期貨能賺得比做股票更多、更快,我預期會有更多投資人投入期貨,這也是本書教授期貨觀念的原因之一。

股票 →(依台股表現來呈現)→ 大盤(加權指數) →(動能轉換,影響波動)→ 期貨

圖5-7　股票影響大盤,大盤帶動期貨　　　　　　　　資料來源:作者提供

加權指數位階、盤型大小，都是日價差變因

前面說明了股票與大盤的連動關係，那麼大盤所提供的動能反映在期貨上，具體而言是如何呢？

首先，我們要知道，在 2020 年以前、大盤頂多 12,000 點的年代，期貨的日價差範圍大約是 60 到 130 點；後來在 15,000 到 18,000 點的區間，日價差波動慢慢落到 100 到 300 點的區間（見表 5-8）。隨著大盤於 2024 年 3 月站上 20,000 點，日價差波動大小持續擴大，基本上都從 150 點起跳（見表 5-9、圖 5-10）。

漲跌	日期	價差	漲跌	日期	價差	漲跌	日期	價差
+72	2022-11-04	189	-53	2022-11-18	244	-91	2022-12-02	117
+194	2022-11-07	169	-32	2022-11-21	106	+49	2022-12-05	166
+110	2022-11-08	92	+77	2022-11-22	165	-260	2022-12-06	222
+261	2022-11-09	175	+95	2022-11-23	99	-52	2022-12-07	186
-118	2022-11-10	104	+175	2022-11-24	133	-127	2022-12-08	157
+581	2022-11-11	166	-72	2022-11-25	95	+211	2022-12-09	150
+69	2022-11-14	115	-228	2022-11-28	155	-126	2022-12-12	165
+403	2022-11-15	363	+183	2022-11-29	247	-62	2022-12-13	191
-31	2022-11-16	201	+142	2022-11-30	219	+191	2022-12-14	156
+14	2022-11-17	188	+177	2022-12-01	192	-2	2022-12-15	143

表 5-8　日價差統計表（2022/11/04 到 2022/12/15）　　　　資料來源：HiStock 嗨投資
註：此為「何毅里長伯──實戰控盤轉折術」之學院聖杯內容，僅提供給付費學員

漲跌	日期	價差	漲跌	日期	價差	漲跌	日期	價差
+527	2024-08-16	170	+147	2024-08-30	153	+109	2024-09-13	176
-6	2024-08-19	201	-96	2024-09-02	276	-7	2024-09-16	136
+75	2024-08-20	185	-157	2024-09-03	314	-194	2024-09-18	312
-236	2024-08-21	193	-1123	2024-09-04	519	+455	2024-09-19	421
-100	2024-08-22	251	+236	2024-09-05	398	+146	2024-09-20	239
+29	2024-08-23	305	+136	2024-09-06	422	+118	2024-09-23	134
+77	2024-08-26	319	-246	2024-09-09	509	+153	2024-09-24	356
-60	2024-08-27	212	-73	2024-09-10	376	+301	2024-09-25	121
+255	2024-08-28	366	+5	2024-09-11	180	+165	2024-09-26	186
-225	2024-08-29	345	+706	2024-09-12	319	+17	2024-09-27	285

表 5-9　日價差統計表（2024/08/16 到 2024/09/27）　　　　　資料來源：HiStock 嗨投資

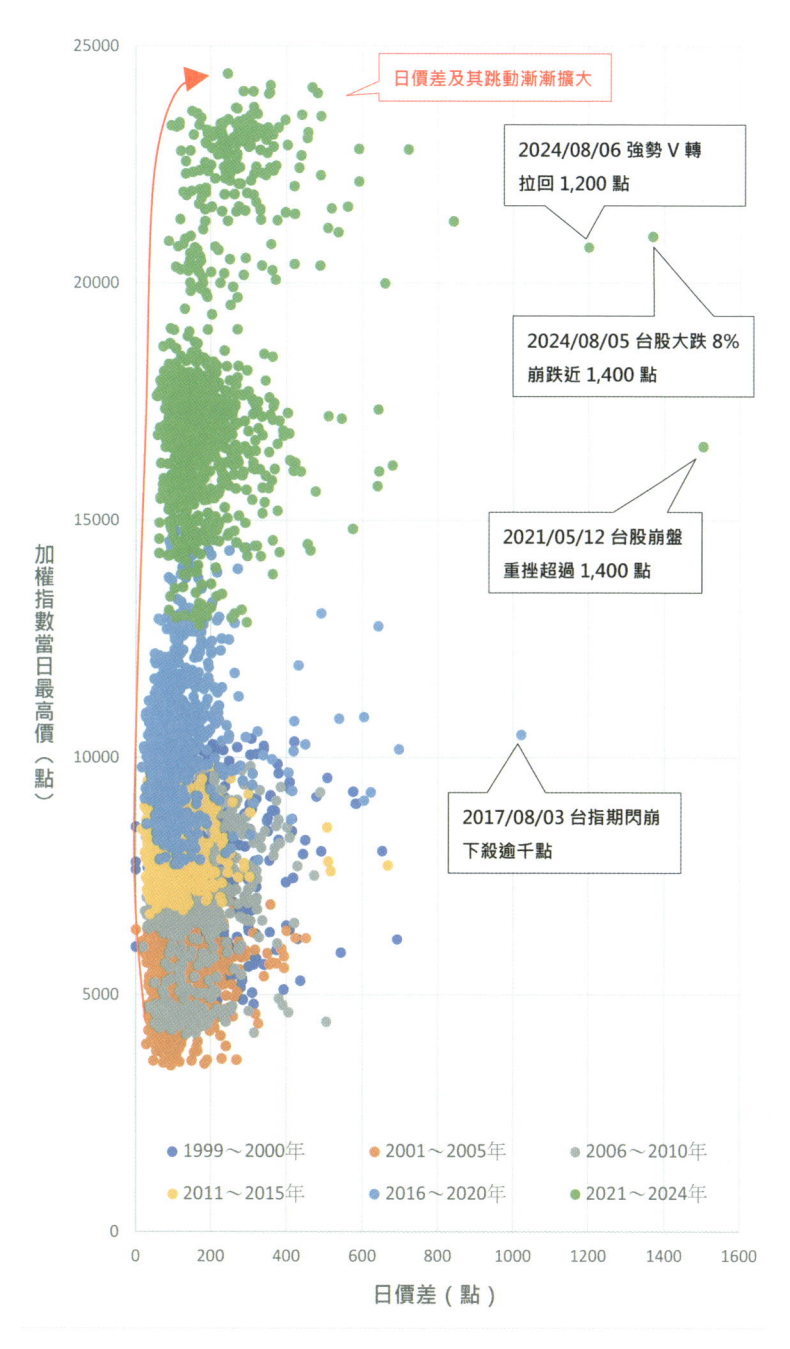

圖 5-10　大盤與台股期貨（大台）日價差之歷史資料　　　　　　　　資料來源：台灣證券交易所
註：大台（代號 TX）是台灣最早上市的期貨商品，於 1998 年 7 月上市

我前面說的區間,是日價差「普遍」的範圍,但不表示該區間外的日價差不會出現,只是機率比較低。以表 5-11 中的 30 個交易日來看,日價差有 8 天突破 300 點(見紅框),機率大概 25%;相較之下,日價差比較小、在 150 點以下的有 3 天,機率為 10%(見綠框),兩類特殊狀況加起來不到一半。

漲跌	日期	價差	漲跌	日期	價差	漲跌	日期	價差
-99	2024-11-14	304	-10	2024-11-28	268	+259	2024-12-12	208
+75	2024-11-15	246	-24	2024-11-29	434	-121	2024-12-13	204
-185	2024-11-18	245	+514	2024-12-02	330	-25	2024-12-16	324
+276	2024-11-19	403	+285	2024-12-03	192	+70	2024-12-17	191
-164	2024-11-20	288	+182	2024-12-04	225	+74	2024-12-18	298
-113	2024-11-21	219	-43	2024-12-05	117	-256	2024-12-19	188
+465	2024-11-22	286	-72	2024-12-06	226	-214	2024-12-20	203
+28	2024-11-25	273	+70	2024-12-09	117	+607	2024-12-23	346
-430	2024-11-26	230	-159	2024-12-10	311	-26	2024-12-24	272
-289	2024-11-27	349	-242	2024-12-11	231	+113	2024-12-25	109

表 5-11　日價差統計表(2024/11/14 到 2024/12/25)　　　資料來源:HiStock 嗨投資
註:此為「何毅里長伯——實戰控盤轉折術」之學院聖杯內容,僅提供給付費學員

然而,每個月的狀況不同,行情也不一樣,**有時走趨勢盤,日價差就會比較大;反之,如果遇到盤整盤,日價差往往比較小**,我們只能歸納出比較常發生的慣性。

另外,盤有盤型,亦即盤的整體樣貌,如同眉型有分八字眉、一字眉、柳葉眉一樣,而每個時期對於盤型大小的定義都不太一樣,也就是會再視實際情況,調整盤勢規模的定義。就像一件商品,假設平常你都花 50 元購買,某天看到標價 25 元,就覺得真是賺到了;

但如果平時花的是 10 元,標價 25 元顯然太貴了。

把上述邏輯帶入盤型價格——若平常很少破百點,那麼看到日價差來到 130 點,自然會認為是大型盤;萬一平時幾乎都接近 200 點,那麼看到某天日價差只有 130 點,也會將其歸類為小型盤。

在日價差較少超過 300 點的年代,可用 60 點和 130 點來切分小型盤、中型盤及大型盤,不過由於本來的差距不大,所以各級距相當接近。隨著大盤點數拉高,甚至拉過 20,000 點,日價差也慢慢增加,區分盤型大小的標準從前幾年的 100 點和 260 點,提高到了 150 點和 300 點(見圖 5-12)。

由此可見,**在過去會被視作大型盤的點數,放到現在差不多是中型盤,甚至幾乎算是小型盤了**。反過來看,以 2024 年為例,日價差的正常表現範圍大致落在 150 到 300 點,放到過去來看,簡直大到嚇死人。

日價差較少超過 300 點的過去:

盤型	小	中	大
指數	60	130	

日價差範圍普遍在 100 到 300 點:

盤型	小	中	大
指數	100	260	

大盤超過 20,000 點,日價差級距調整:

盤型	小	中	大
指數	150	300	

圖 5-12 大盤與期貨日價差的連動比例關係

不必半點不差，應給予彈性空間

對於上述區分盤型的點數大小，應該彈性看待，並且依照那陣子的大盤常態來調整。什麼意思？如果未來大盤指數持續爬升，我們就不能堅持按照本來的 150 點和 300 點來區分，應該統整出慣性後調整。

對於這些點數標準，我們運用時不能太死板，想要追求半點不差，應該給予彈性空間，並根據環境背景適時調整。建議大家也不用硬要分出個類別來，例如看到日價差 160 點，大概知道是中偏小型盤即可。

與成交量正相關，結算日常有例外

除了前面提到的大盤位階和盤型波動大小以外，日價差也與成交量有關。而兩者的關聯，來自於成交量的大小，是和現貨（大盤）連動，且現貨又會影響期貨，所以一旦量大帶動現貨，便可牽動期貨日價差（見圖 5-13）。

成交量 → 帶動現貨 → 現貨（大盤）→ 影響期貨 → 期貨日價差

原則上：量增，期貨的日價差大；量縮，期貨的日價差小

圖 5-13　成交量也會影響期貨日價差

如果當天大盤量大,代表個股可能波動較大,期貨又是由大盤帶動,日價差會隨著現貨的成交量波動,那麼在大盤量大時,期貨日價差「通常」不會太小;反之亦然,遇到大盤沒什麼量,期貨日價差「通常」不會太大。

就我的經驗,每個月都有量縮 K,平均大概會有兩、三天低於 150 點,或是很接近 150 點;**有時選擇權結算日**(期貨只有月結算,但也會受選擇權影響,所以實務上會一併考慮選擇權周結算),**控盤者也會刻意壓在 150 點以內**,控制結算位置。此外,**遇到特殊節日、連續假期前,也很容易量縮出小型盤**。

那什麼時候容易出大型盤呢?一個是**連續出現小日價差之後**,後面會再詳細說明;另一個是**結算日**,控盤者有可能在結算前幾天刻意壓縮,結算當日再擴大結算。可以說,結算日最容易不按常理出牌。

◎**容易出大型盤(300 點 ↑):**
　1. 出量。　2. 連續出現小日價差之後。　3. 結算日。
◎**容易出小型盤(150 點 ↓):**
　1. 量縮。　2. 特殊節日、連續假期前。　3. 結算日。

既然如此,為什麼我前面還要強調期貨日價差「通常」不會太大或太小?因為偶爾會出現成交量不大、但日價差大的狀況,也可能反過來,明明成交量不小,日價差卻很小。

比方說，2023 年 1 月 3 日的大盤量和其他天相比偏小，但當天台指期日價差足足有 295 點，在當時算是大型盤了（見圖 5-14、5-15）。還有 2023 年 2 月 2 日，這天大盤量算大，和前後天比可說是鶴立雞群，台指期日價差卻只有 132 點，差不多是中小型盤的等級（見圖 5-16、5-17）。

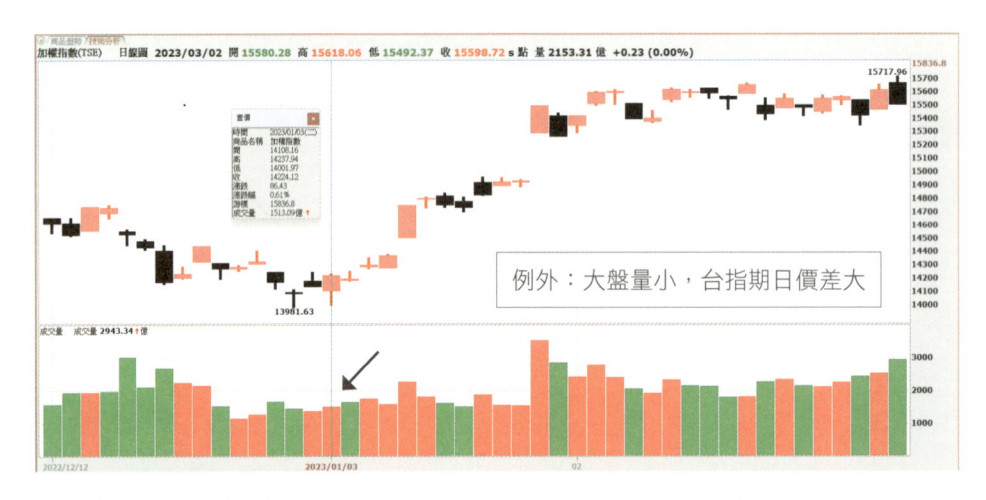

圖 5-14　2023/01/03 大盤成交量小　　　　　　　　　資料來源：XQ 全球贏家

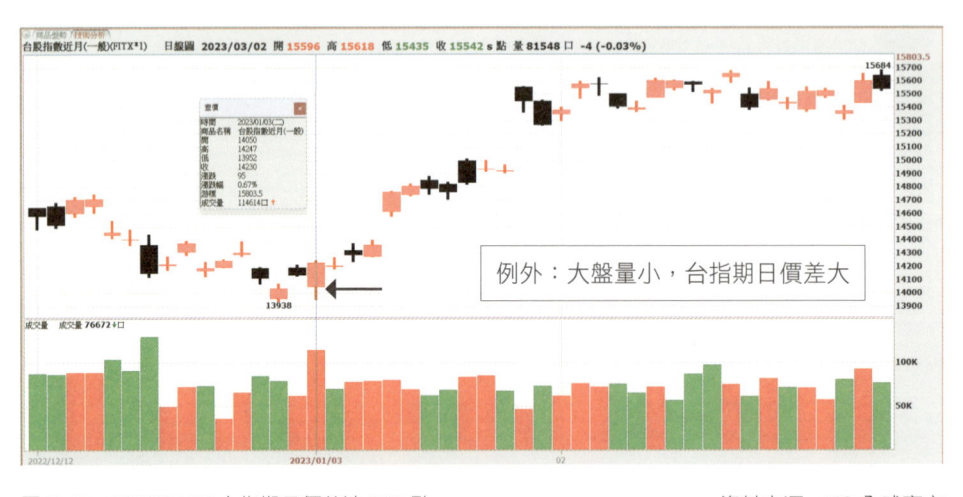

圖 5-15　2023/01/03 台指期日價差達 295 點　　　　　資料來源：XQ 全球贏家

PART 5　日價差

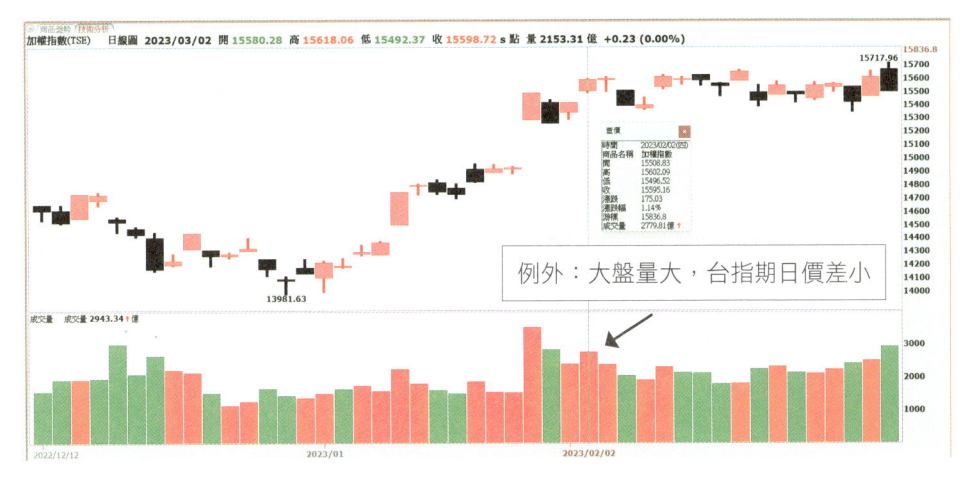

圖 5-16　2023/02/02 大盤成交量算大　　　　　　　　　資料來源：XQ 全球贏家

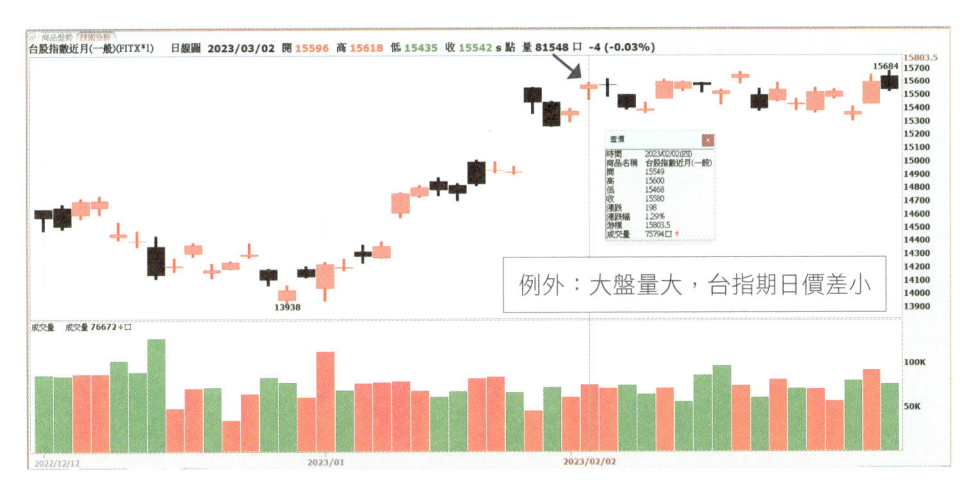

圖 5-17　2023/02/02 台指期日價差僅 132 點　　　　　　資料來源：XQ 全球贏家

　　像這樣**成交量與日價差不平衡的例外，實務上最常出現在結算日**。因為籌碼在接近結算日時，就差不多被主力鎖定了，但主力不會把到口的肥肉放掉，所以會想盡辦法人工控盤，導致結算日這天容易出現異於統計學邏輯的走法。

當然，其中牽涉到的影響很多，比方說消息面、海外期貨（海外其他交易所發行的期貨商品，簡稱海期）走勢等，這時就像角力一樣，看是海期的力道比較強，還是籌碼的力道比較強，進而產生不一樣的走法。心中只要留有例外的空間，自然不會太鑽牛角尖。

統計數據，用高機率輔助高勝率

前面我們知道了影響盤型大小的因素，以及區分盤型大小的點數，照理來說，日價差落在正常範圍的機率會最高，但這個高是多高？相比之下，大型盤和小型盤的出現機率較低，這個低又分別是多低？

還有一個最重要的問題：我們要如何運用日價差的波動？

所有問題的答案，都建立在數據統計上──**觀察大、中、小日價差的出現機率，並且明白哪種價差最常出現。**

根據我的觀察，小型跨到中型日價差出現的機率滿高的，大概是 150 到 250 點這個區間。當然，這不是我說了算，統計就是要有數字為證，請見表 5-18 的 2024 年日價差資料。

表 5-18　2024 年日價差資料

綠底表示小於 150 點，黃底表示 150 到 250 點，粉紅底表示大於 300 點

日期	日價差	日期	日價差	日期	日價差	日期	日價差
1/2	169	4/1	141	7/1	228	10/1	235
1/3	160	4/2	174	7/2	276	10/4	257
1/4	58	4/3	144	7/3	207	10/7	269
1/5	135	4/8	145	7/4	165	10/8	242
1/8	138	4/9	359	7/5	151	10/9	222
1/9	256	4/10	88	7/8	482	10/11	253
1/10	82	4/11	113	7/9	468	10/14	231
1/11	125	4/12	127	7/10	312	10/15	285
1/12	123	4/15	145	7/11	245	10/16	348
1/15	128	4/16	488	7/12	286	10/17	272
1/16	178	4/17	362	7/15	356	10/18	313
1/17	185	4/18	334	7/16	358	10/21	270
1/18	111	4/19	659	7/17	353	10/22	305
1/19	180	4/22	270	7/18	290	10/23	175
1/22	96	4/23	191	7/19	332	10/24	246
1/23	87	4/24	286	7/22	722	10/25	235
1/24	65	4/25	145	7/23	300	10/28	441
1/25	95	4/26	201	7/26	238	10/29	455
1/26	87	4/29	250	7/29	373	10/30	300
1/29	165	4/30	172	7/30	490	11/1	590
1/30	75	5/2	165	7/31	335	11/4	346
1/31	99	5/3	291	8/1	268	11/5	457
2/1	112	5/6	152	8/2	591	11/6	397
2/2	82	5/7	220	8/5	1,368	11/7	491
2/5	144	5/8	164	8/6	1,201	11/8	266
2/15	165	5/9	158	8/7	841	11/11	323
2/16	93	5/10	212	8/8	537	11/12	379
2/19	73	5/13	132	8/9	561	11/13	285

日期	日價差	日期	日價差	日期	日價差	日期	日價差
2/20	158	5/14	147	8/12	295	11/14	304
2/21	91	5/15	245	8/13	236	11/15	246
2/22	139	5/16	230	8/14	250	11/18	245
2/23	102	5/17	119	8/15	278	11/19	403
2/26	143	5/20	332	8/16	170	11/20	288
2/27	270	5/21	185	8/19	201	11/21	219
2/29	192	5/22	330	8/20	185	11/22	286
3/1	93	5/23	169	8/21	193	11/25	273
3/4	203	5/24	203	8/22	251	11/26	230
3/5	131	5/27	262	8/23	305	11/27	349
3/6	252	5/28	149	8/26	319	11/28	268
3/7	186	5/29	187	8/27	212	11/29	434
3/8	371	5/30	185	8/28	366	12/2	330
3/11	146	5/31	330	8/29	345	12/3	192
3/12	258	6/3	274	8/30	153	12/4	225
3/13	178	6/4	290	9/2	276	12/5	117
3/14	179	6/5	267	9/3	314	12/6	226
3/15	150	6/6	171	9/4	519	12/9	117
3/18	173	6/7	127	9/5	398	12/10	311
3/19	172	6/11	187	9/6	422	12/11	231
3/20	225	6/12	273	9/9	509	12/12	208
3/21	235	6/13	266	9/10	376	12/13	204
3/22	163	6/14	244	9/11	180	12/16	324
3/25	119	6/17	134	9/12	319	12/17	191
3/26	421	6/18	146	9/13	176	12/18	298
3/27	140	6/19	351	9/16	136	12/19	188
3/28	169	6/20	274	9/18	312	12/20	203
3/29	107	6/21	266	9/19	421	12/23	346
		6/24	365	9/20	239	12/24	272
		6/25	366	9/23	134	12/25	109

日期	日價差	日期	日價差	日期	日價差	日期	日價差
		6/26	261	9/24	356	12/26	95
		6/27	267	9/25	121	12/27	230
		6/28	324	9/26	186	12/30	170
				9/27	317	12/31	155
				9/30	439		

資料來源：作者提供

看到一堆數字，是不是一秒想睡？沒關係，我幫大家統計好了：

綠底表示小於 150 點，在 242 個交易日裡占 52 天，出現機率約 21%；黃底表示 150 到 250 點，總計 82 天，出現機率約 34%；粉紅底表示大於 300 點，共有 67 天，出現機率約 28%。

至於白底，就是 251 到 300 點的價格帶，共有 41 天，出現機率約 17%。前面說過，日價差最常出現在中間正常範圍，將 150 到 250 點的 34% 加上 251 到 300 點的 17%，足足有 51%。

雖然行情總是一陣一陣的，光是 2024 年，前半年和後半年的大、小型盤出現機率就有落差，但整體而言，日價差最常落在正常範圍，尤其是 150 到 250 點的區間，平均三、四天會出現一次，大型盤和小型盤的整體機率則不會差太多（見圖 5-19）。

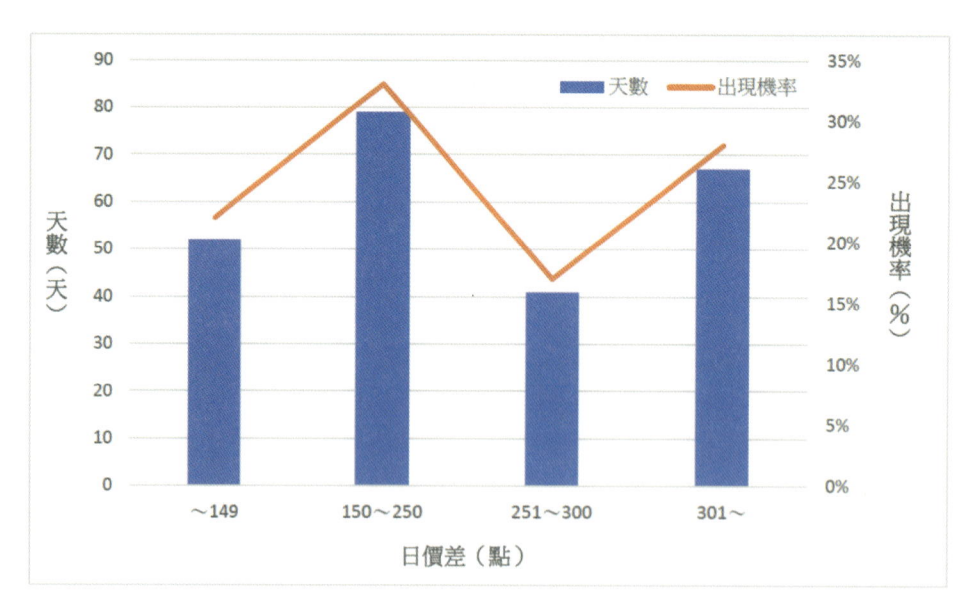

圖 5-19　2024 年不同價格區間出現的機率　　　　　　　　　資料來源：作者提供

　　既然知道三、四天裡面，就有一天的日價差可能落在 150 到 250 點，這樣的高機率就能用來輔助操作、提高勝率。舉個例子，假設一開盤沒多久就進去抄底或摸頭，且當下的日價差只有 60 點，那就可以預估，可能還有一百多點的日價差，不會賺個 10 點就跑。

　　相對的，如果追價時日價差已達 200 點，那以常態來預期的日價差空間，就趨近飽和了，獲利空間可能也很有限。

　　還有一種應用方式：小於 150 點的機率固然很低，但平均 10 天還是會出現個一、兩次，所以如果有好一段時間，日價差都屬於中大型盤，後面日價差低於 150 點的機率就提高了，就像是把配額延後使用一樣。

連續小型日價差後,容易出行情

除了知道較常出現的日價差區間,推估進場可能的利潤以外,投資人還可以藉由觀察日價差,預測是不是要出行情了。

如果小型或小偏中型日價差,連續出現 3 天以上,那麼就要考慮是不是在醞釀行情,後續交易日也要開始往中大型日價差方向思考。

舉例來說,2022 年 12 月 20 日前 3 天的日價差分別是 143 點、139 點、123 點,以當時的時空背景來說,差不多都算小型盤,如此醞釀了 3 天,日價差在 12 月 20 日來到 321 點,為大型盤。再往前看,11 月 23 日開始 4 天,日價差都算中小型,最後在 11 月 29 日來到 247 點,前幾天同樣有醞釀的味道在(見表 5-20)。

漲跌	日期	價差	漲跌	日期	價差	漲跌	日期	價差
+403	2022-11-15	363	+183	2022-11-29	247	-62	2022-12-13	191
-31	2022-11-16	201	+142	2022-11-30	219	+191	2022-12-14	156
+14	2022-11-17	188	+177	2022-12-01	192	-2	2022-12-15	143
-53	2022-11-18	244	-91	2022-12-02	117	-247	2022-12-16	139
-32	2022-11-21	106	+49	2022-12-05	166	-57	2022-12-19	123
+77	2022-11-22	165	-260	2022-12-06	222	-250	2022-12-20	321
+95	2022-11-23	99	-52	2022-12-07	186	+65	2022-12-21	103
+175	2022-11-24	133	-127	2022-12-08	157	+158	2022-12-22	111
-72	2022-11-25	95	+211	2022-12-09	150	-187	2022-12-23	112
-228	2022-11-28	155	-126	2022-12-12	165	+55	2022-12-26	62

表 5-20　連續出現偏小型日價差,容易出行情

資料來源:HiStock 嗨投資,2022/11/15 到 2022/12/26

之所以有這樣的邏輯，是因為連續出現小型日價差的時候，基本上有兩種可能，一個發生在區間內，一個發生在區間外。以下分別說明。

一、連續小型日價差發生在區間內——盤整以累積籌碼，準備突破區間。

區間盤整是什麼概念？假設高點區和低點區只有 200 點，又要分成好幾個交易日去做出壓力支撐，如此這般，每次走一小部分，也就每天都會是小型日價差，K 棒就在這個盤整區範圍內跳動（見圖 5-21）。

我們可以想像成帶狗散步，在馬路上拉緊牽繩時，就算小狗興奮得前後跑動，也離不開牽繩的半徑範圍，而且因為範圍縮小了，每次移動的步伐跟著縮小，小狗要很費力，才有機會暴衝出去。

又由於在一個區間內盤整，所以無論做多做空，投資人都賺不太到大段行情，籌碼也會壓縮在該範圍內。

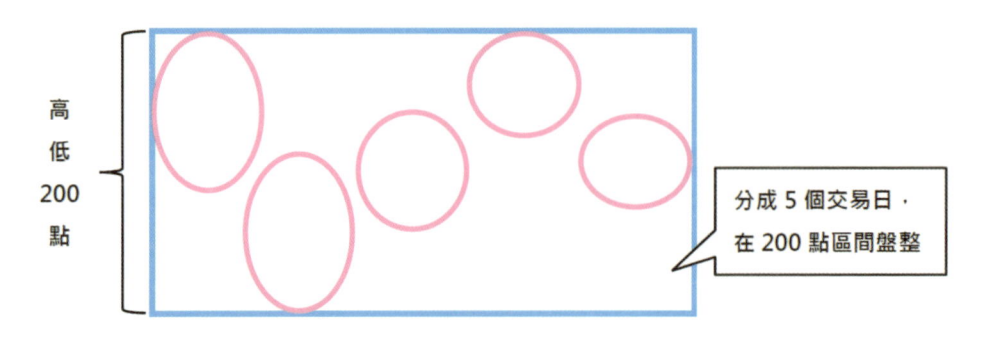

圖 5-21　區間盤整示意圖　　　　　　　　　　　資料來源：作者提供

在投資市場，主力和散戶可說是對立關係。主力藉由控盤，吸引散戶將資金投入市場，好讓價格對自己更有利再獲利了結，盡可能地取得最大利潤。

在此期間，主力也不可能都不讓散戶獲利，這樣就沒人想投資了，所以主力還是會讓散戶有賺，讓散戶養成習慣。比如控盤者要急殺之前，可能會先走漲，即使小跌也很快拉回，幾次下來，散戶就會習慣這個模式，甚至心想：「反正都會拉回來，小跌時多單先不停損也沒關係。」最後就會在下殺時大賠，這便是所謂的養套殺。

那麼，散戶籌碼集中對於主力來說有什麼影響呢？

想想看，如果把兩塊一樣大的橡皮擦，分別放在大小不同的筆袋裡，當我一指神功按下去，比較容易按到哪個筆袋的橡皮擦？一定是小筆袋，因為可以容納的空間沒這麼大。

同樣道理，對主力來說，如果面對的是小區間，就可以清楚知道投資人的籌碼累積在哪邊，以便後續將行情擴大到讓投資人停損，再換取對做的利潤；相較之下，要是區間比較大，主力就很難抓了。

觀察 3 天籌碼累積，判斷是否有大行情

例如圖 5-22 中，方框表示當日開盤至 11 點走的價格範圍，當 K 棒的重疊性越高，意味著區間範圍越小，可以成交的區域就越窄，籌碼更容易堆疊、集中，使得主力更能知道投資人的成本大概落在什麼位置，進一步推測出價格要帶到什麼地方，才會讓投資人甘心停損出場（很多人會設定百點停損，但對主力來說，200 點以內的區間都算小，足以抓到投資人的籌碼）。

當籌碼累積夠多，就準備出現波段行情，而**累積籌碼的時間，我們大概抓 3 天來觀察，但實際上當然也可能累積超過 3 天**。若連續 3 天都是小型日價差且呈現區間盤，那麼第 4 天開始，就要考慮籌碼是否累積得夠多、準備擴大日價差，進而產生行情（見圖 5-23、5-24）。

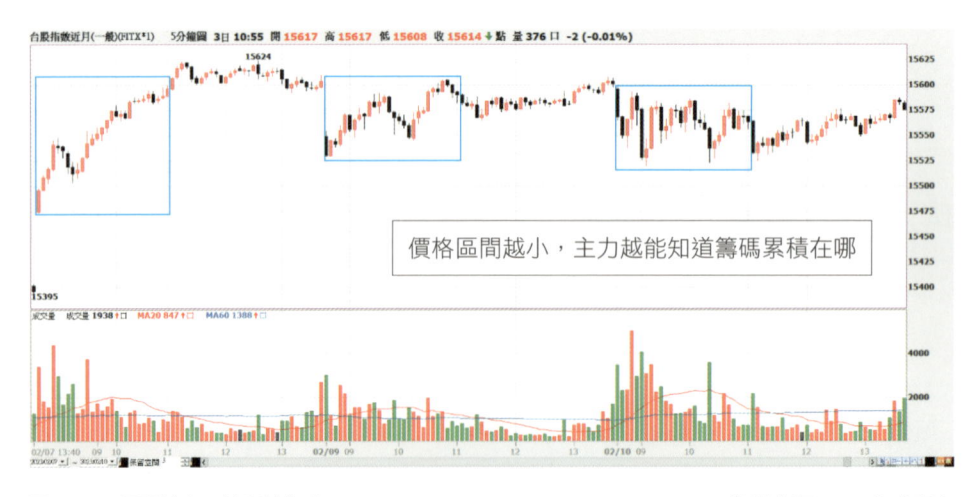

圖 5-22　區間越小，籌碼越集中　　　　　　　　　　　資料來源：XQ 全球贏家

圖 5-23 　區間盤整轉行情（漲勢） 　　　　　　　　　　　　　　　　　資料來源：XQ 全球贏家

圖 5-24 　區間盤整轉行情（跌勢） 　　　　　　　　　　　　　　　　　資料來源：XQ 全球贏家

吸了投資人的單子、累積了籌碼之後，一旦開始出現行情，往往會拉開價差把投資人套住。但主力很賊，有時價差不會拉得太乾脆，畢竟連續拉大的話，多數人會直接停損，這樣就套不深了。

　　那主力會怎麼做？可能採取溫水煮青蛙的手法——先拉開一個價差初步套住，再馬上轉成小型或中型日價差，連續一、兩天，趁投資人放下戒心、覺得還不會出行情的時候，再轉成大日價差來收割。

　　這樣的情況下，我們主要抓的利潤，就是連續小型日價差之後的第一次翻大，或是第二次翻大，甚至收獲波段。畢竟做期貨的，利潤主要還是在中型以上的日價差波動；小型日價差的波動範圍有限，去頭去尾之後，若空不到最高也抄不到最低，通常拉不出多大利潤。

二、連續小型日價差發生在區間外──連續性套單，悄悄拉開價差。

另外一種小日價差發生在區間之外，控盤者主要用來套單；簡單來說就是突破區間後，先走小型日價差，讓投資人懷抱希望，之後再出大根 K 棒，等投資人終於狠下心要停損，早已拉開一段價差了（也就是剛剛說的溫水煮青蛙手法）。

以上漲為例，走法可能如圖 5-25 所示，一個跳空直接跳過前方區間後，往上突破遇到回壓，但又不軋空，後面幾天也差不多走法，利用小型日價差，製造出漲不動、壓力很強的感覺，手上握有空單的人就會不想退單。

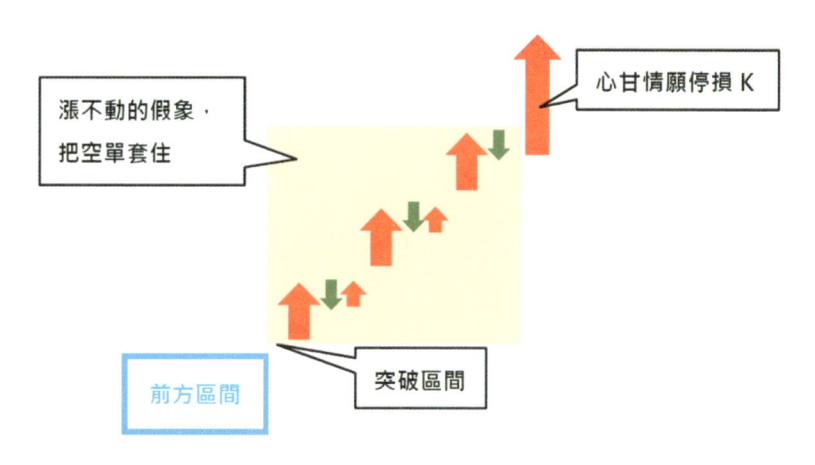

圖 5-25　連續性套單示意圖　　　　　　　　　　　　資料來源：作者提供

那要到什麼時候,這些投資人才願意認賠出場?答案是:清楚看到盤有多強的時候,也就是波動大的時候,這時抱單壓力也大,假如日價差 250 點,一開盤就被軋到收盤,整整 5 個小時都在承受虧損的壓力,很多人會受不了。

換句話說,一旦連續性套單完成,緊接著出長紅或長黑,看著日價差小而凹單的投資人才會心甘情願停損,不繼續凹單。

不同於盤整區間的連續小型日價差,可能迎來波段行情,用於套單的小型日價差則因為本身已經在拉價差了,所以後續較無賺波段的空間(見圖 5-26、5-27)。

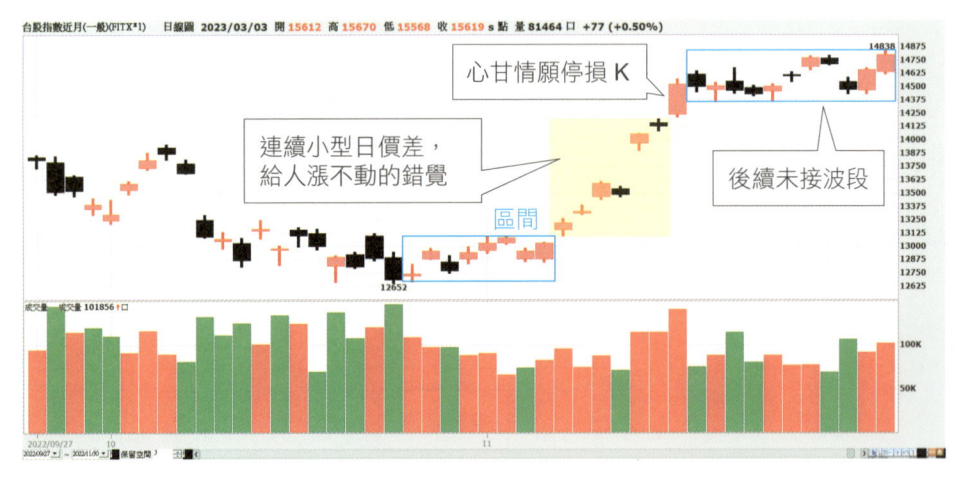

圖 5-26　連續性套單,最後再讓投資人心甘情願停損(漲勢)　　　資料來源:XQ 全球贏家

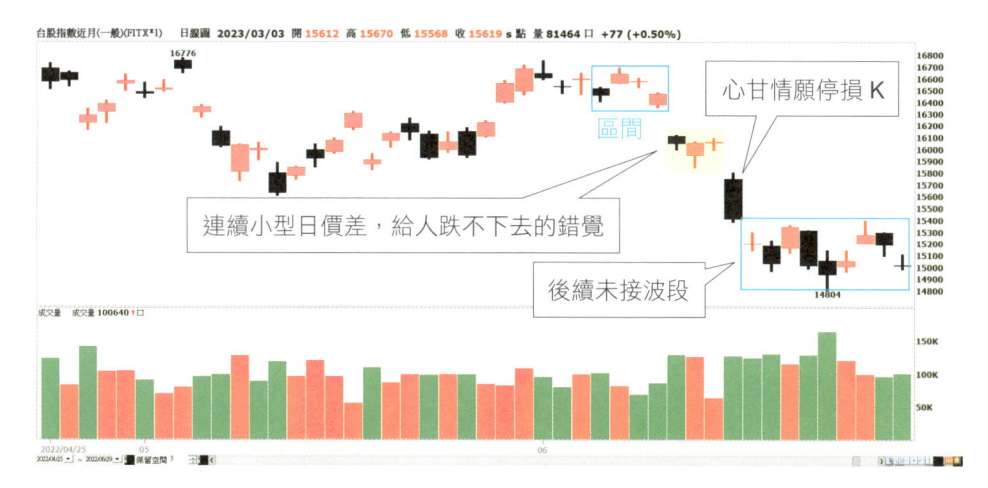

圖 5-27　連續性套單，最後再讓投資人心甘情願停損（跌勢）　　　資料來源：XQ 全球贏家

◎連續出小型日價差後，容易大型日價差的位置及原因：

1. 發生在盤整區間內，
   先累積籌碼，再出行情突破區間，有機會抱到波段利潤。

2. 發生在盤整區間外，
   先連續性套單，再一口氣讓投資人認賠停損，較無波段利潤。

▌節日前後容易量縮，不適合以慣性看待

然而，我在前面說過，假如**遇到特殊節日，日價差經常跟著縮小**。

比方說 2023 年的封關日是 1 月 17 日，接下來就放春節連假了，直到 1 月 30 日才開市，而從表 5-28 中可以看到，過年前後出現小日價差的機率比較高。這是因為年前，該套利的都套利完了，準備好好過年，所以容易量縮；待放完假回來，除了首日開盤一定出大量以外，只要海期沒有特別大的變化，很可能先進入短暫量縮。

2024 年 12 月 25 日也是一個例子，這天外資去過聖誕節了，又剛好卡到周結算，導致量縮，最後日價差只有 109 點；隔天持續量縮，日價差僅 95 點（見表 5-29）。由此可知，特殊節日前後的小型日價差，較不適合以慣性標準來看待。

漲跌	日期	價差	漲跌	日期	價差	漲跌	日期	價差
+96	2023-01-03	295	-11	2023-01-17 (封關日)	63	-26	2023-02-10	78
-22	2023-01-04	90	+526	2023-01-30	195	-42	2023-02-13	116
+81	2023-01-05	136	-183	2023-01-31	191	+128	2023-02-14	94
+75	2023-01-06	128	+115	2023-02-01	105	-263	2023-02-15	168
+405	2023-01-09	188	+197	2023-02-02	132	+148	2023-02-16	148
+39	2023-01-10	94	-1	2023-02-03	141	-113	2023-02-17	91
-16	2023-01-11	138	-174	2023-02-06	114	+89	2023-02-20	188
-24	2023-01-12	131	-9	2023-02-07	81	+6	2023-02-21	76
+65	2023-01-13	194	+208	2023-02-08	150	-152	2023-02-22	109
+103	2023-01-16	88	-3	2023-02-09	78	+265	2023-02-23	223

表 5-28　日價差統計表（2023/01/06 到 2023/03/02）　　　資料來源：HiStock 嗨投資

漲跌	日期	價差	漲跌	日期	價差	漲跌	日期	價差
+75	2024-11-15	246	-24	2024-11-29	434	-121	2024-12-13	204
-185	2024-11-18	245	+514	2024-12-02	330	-25	2024-12-16	324
+276	2024-11-19	403	+285	2024-12-03	192	+70	2024-12-17	191
-164	2024-11-20	288	+182	2024-12-04	225	+74	2024-12-18	298
-113	2024-11-21	219	-43	2024-12-05	117	-256	2024-12-19	188
+465	2024-11-22	286	-72	2024-12-06	226	-214	2024-12-20	203
+28	2024-11-25	273	+70	2024-12-09	117	+607	2024-12-23	346
-430	2024-11-26	230	-159	2024-12-10	311	-26	2024-12-24	272
-289	2024-11-27	349	-242	2024-12-11	231	+113	2024-12-25	109
-10	2024-11-28	268	+259	2024-12-12	208	-3	2024-12-26	95

表 5-29　日價差統計表（2024/11/15 到 2024/12/26）　　　　資料來源：HiStock 嗨投資

（2024-12-25 標註：聖誕節）

冷氣不是天天用，但還是有用

經過本單元的說明，大家會發現，日價差在運用上，很需要花功夫來觀察。實務上，我們也很難只運用日價差，因為它並非獨立的操作系統，而是附加的輔助工具，讓我們在不同狀況下，合理評估日價差波動範圍和勝率。

這有點類似在跑程式單。程式單需要設定參數，待條件達到便執行指令，例如海期突然漲了多少幅度就自動下多單。之所以說日價差類似程式單，也是需要達到條件才動作，比方說發現連續 3 天出現小型日價差，那麼心裡就要知道盤正在醞釀，隔天出中大型日價差的機率隨之提高。

日價差不是天天能用，但能判斷勝率

那就有人好奇了，既然日價差是輔助判斷，唯有到達某個程度或機率的時候，才派得上用場，不是天天能用，為什麼還要學？我們來想想冷氣的心情吧。

寒風颼颼、有時甚至下雨打擊出門意願的大冷天裡，相信沒什麼人家裡會開冷氣，還巴不得一直待在電暖爐、電熱扇這些保暖神器前面。但對於夏天離不開冷氣的人來說，會因此認為冷氣沒有用嗎？所以說，不是沒用，只是時機尚未成熟。

這幾年，隨著大盤上漲，改變了很多技術邏輯，也有很多被淘汰。

我們學習的技術工具，一定不會只有一種，每種工具也一定會有機會在盤中發揮功能，我們要做的，就是不斷學習各種工具，然後想辦法熟練、理解，把自己的工具箱準備好，這樣在後續的盤中就能視情況，挑選適合的工具出來用。

而日價差這個工具，固然無法每天讓我們拿來做單，但當日價差到達某種程度或機率時，我們可以合理地評估，可能會出現的價格波動範圍，或是大概知道手上單子的勝率有多高。

突發特殊事件，也會導致日價差失靈

話說回來，一台沒壞的冷氣開下去，房間就必冷無疑嗎？不一定啊，要是冷氣開了，家裡門窗也都開到最大，這樣冷氣發揮的空間當然就受限了，這就是變因。

我相信統計有一定的可信度，而金融市場可以透過統計學去理解，但**所有的技術理論，都是建構在無特殊外力影響的背景之下**，所以「在正常狀況下，成交量大，日價差也會大」，這句話尚可成立，不過放到實務面，就會受到特殊外力影響，進而導致例外狀況出現、技術無法正常發揮。

舉凡消息面、籌碼面、新聞時事等，都屬於特殊外力，當利空來了，即使籌碼再偏多、趨勢再偏多，都擋不住特殊外力的力道。

就連地震也會影響，一旦盤中地震，籌碼再偏多也沒有用，都要先下跌以反映地震，震完再回拉。例如 2022 年 12 月 15 日，中午 12 點 3 分發生地震，盤勢跟著向下，待搖完又再回拉（見圖 5-30）。

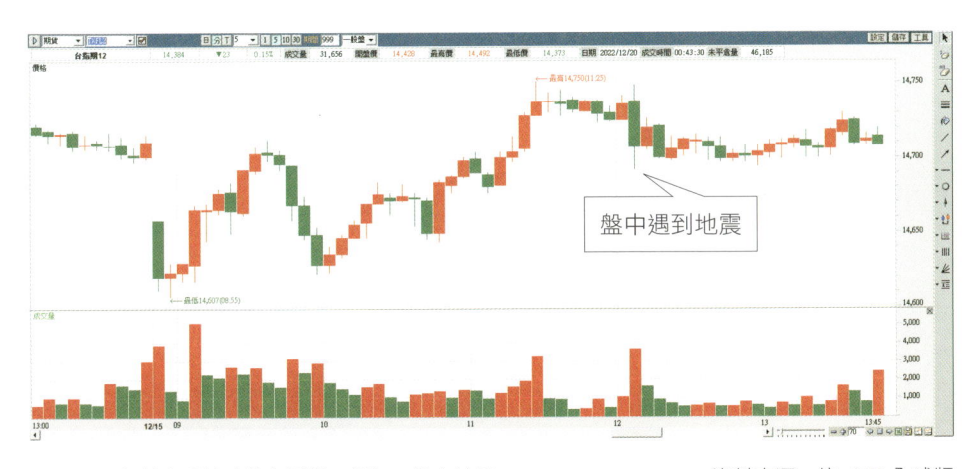

圖 5-30　盤勢會受特殊外力影響，例如：盤中地震　　　資料來源：統 eVIP 全球版

所以說，投資人死背技術分析理論是沒有用的，因為只要特殊外力介入，一切都可能改變，因此懂得理論的邏輯，並盡可能地在能活用的範圍中運用，才是最重要的。

我們學習日價差，目標並非去估隔天的日價差（實際上也無法每天都估出來），然後照著操作；而是要保持觀察的習慣，利用我們統計出的數據，特別注意高機率點數。

投資場上，沒有絕對好用的工具，肯定都會有派得上用場和派不上用場的時候，我們要做的，就是釐清工具的優劣勢，然後活用其優勢，再想其他辦法把劣勢補足。例如日價差看不出停損的位置，這時就要找其他指標來設停損，而不是因此嫌棄日價差難用。

難用跟不懂如何運用，僅一線之隔。

準備好了，市場永遠都在

總結來說，我們了解日價差，主要目的有：

▌用高機率輔助高勝率

有的時候，投資人會打盲單，儘管不知道怎麼做單，但就是控制不住自己，很想進去操作。有了日價差資訊輔助之後，如果可以看出某天的盤高機率處於什麼日價差，那就朝那個日價差去規劃操作策略。

若真的毫無想法怎麼辦？既然知道 150 到 250 點出現的機率最高，那麼不確定時，先估在這個區間裡，勝率會比較高。注意，是比較高，不是穩贏，大賺小賠還是賺。

▌評估追價勝率

假設當天已經開盤過了兩個小時，盤勢一路上漲或下跌，於是你想進第一筆單去追漲或追跌，可是看了資料，發現日價差可能已經到達 190 到 200 點，若依照日價差的邏輯去看，追價的利潤多不多？

假如要往上再抓個 100 點，表示日價差要達到中型以上，那就要再搭配看當天成交量夠不夠大。如果當天成交量普普通通，日價差也跑了 190 到 200 點，硬要追多、追空的話勝率太低了，沒有合理因素支持這樣的操作。

▌觀察是否要出小型日價差

雖然小型日價差出現的機會很低，但並不是完全沒出現過，所

以我們可以把它想像成一定會用到的配額，最近好一段時間沒出現了，接下來出現的機會就會增加。

▍注意醞釀中的大行情

連續出現（大概抓 3 天以上）小型或小偏中型日價差，主要原因可能是：一、區間盤整，以累積籌碼；二、階段性套單，悄悄拉開價差。第一種通常會出現更大的連續行情，可以想辦法突破抱波段；第二種由於先拉開價差了，所以大型日價差出現後，比較沒有波段的利潤，甚至直接反轉。

不過，特殊節日（如過年）前後容易量縮，可能頻繁出現小型日價差，這時較不適用此慣性。

過去，行情不到萬點，日價差差不多在 60 到 130 點，說實在很難獲利，假如採取被動操作，確定訊號再進場已經慢一拍了，結果日價差又小，去頭去尾就二、三十點可以套利而已。

2024 年後，大盤衝上 20,000 點，成交量、日價差擴大，簡直是玩期貨的大好時機，當沖的套利空間增加不少──但這是對懂操作、會設損的投資人而言。

會設停損，表示做錯有限，再加上日價差變大，利潤隨之變好，小虧加大賺還是賺；如果不設停損，表示不只獲利，連虧損的空間都變大了，說不定會賠得比以前還多。

所以，我總是提醒投資人嚴守紀律，務必設停損，不懂得操作又愛凹單的話，早晚會大賠畢業。市場就是這麼現實，會淘汰不適合的人，但只要你準備好了，市場永遠都在。

單元思考

1. 什麼是日價差?影響因素有哪些?
2. 目前大、中、小型日價差,應該用多少點來區分?
3. 何時容易出大型日價差?何時容易出小型日價差?
4. 什麼時候,最常出現成交量和日價差不平衡的狀況?
5. 可以如何運用日價差?

PART 6

各階段對於投資的正確想像

新手、老手、高手
要注意的事並不相同

> **里長伯廣播**
>
> ★ 新手學技
> ★ 老手學律
> ★ 高手修心

前面幾個單元，都屬於操作技巧，最後這兩個單元，我想聚焦於「操作心態」，和大家聊聊最常見、卻也很多人無法解決的心態問題。

我常常講一句話：「見山是山，見山不是山，見山又是山。」這句話看起來玄之又玄，卻是投機市場裡面最寫實的描述，分別對應了新手、老手、高手的階段。

你是新手、老手還是高手？

山就好比是大盤或是個股，一個初進市場的新手，看到了大盤或個股，直覺認定它就是一整個個體，是由一根根 K 棒組合成的一座山，並不會去深入思考說，這座山裡頭有什麼動植物、有沒有哪裡地質不穩、網路上對這座山的介紹正不正確。在他眼裡，山就只是山，沒了。

「見山是山」的新手

處於「見山是山」階段的投資人占了 70% 以上，這些人沒有自己的見解，當媒體告訴他應該追漲，他便進去追漲；或是聽到名嘴在喊空，他便進場放空，操作完全受他人影響。

隔壁賣菜的王嬸、對街退休的李伯伯、樓下剛畢業的小張，都屬於這類人，但他們本身卻不自知，因為他們並不認為自己不懂──王嬸靠著跟單，賺了一點錢；李伯伯買了績優股，配股配息獲利不錯；小張研究所專攻經濟學，高學歷光環加持之下，對自己頗有信心，各自都有主觀的行為模式。

「見山不是山」的老手

經過多年以後，沒有陣亡的人，**進入了「見山不是山」的境界，也就是老手階段，不再聽信媒體的行銷，在聽到大家都在討論時反而會思考**，這時候行情是不是過熱了？並且搭配基礎的技術分析以及操作過的經驗，再上網參考分享文章，已經不太容易追高殺低，因為警覺性很高。

前面提到的王嬸、李伯伯、小張也順利抵達這個階段，那麼他們的操作方式有何改變呢？

王嬸開始習慣跑短線，每天當沖殺進殺出，不亦樂乎，經常與鄰居炫耀自己的戰績，令人好生羨慕。然而，實際上王嬸賺到的都只是小錢，常常賺到一點點就跑，一直賺不到大錢，導致有時績效反而是虧損狀態，不過她的鄰居還是以為她賺很大。

李伯伯則繼續買他的績優股，還是維持「久抱必穩定獲利」的觀念，不過績效似乎越來越差，部分資金也開始套在市場裡。儘管

如此，李伯伯仍然堅信自己的經驗，覺得以前可以，現在一定也可以，於是不斷往下攤平，期待股價回升解套的一天。

至於研究所畢業的小張，迷上了分析各種事物，進而成為技術分析派的死忠擁護者，不管做股票、期貨或是選擇權，完全以 K 棒走勢搭配技術分析。他認定所有的走勢，都難脫技術分析的模型理論，雖然不時會遇到盲點，但仍然強迫用技術分析去解讀，有點事後論的感覺，但他也不打算修正這個觀念，以免打擊到自己的信念。

有注意到嗎？大家對於操作，已經產生個人想法，會依照自己的偏好、資金狀況、經驗等，採取不同的方法，甚至探究背後成因、追求知識。明明眼前的是山，看到的卻不只有山。

「見山又是山」的高手

若是三人持續精進，有可能進入「見山又是山」這個境界，也就是所謂的「高手」。但這境界的人並非固定存在，也不是說老手操作多長一段時間，就一定會成為高手，而是要經歷過疑問、驗證、歸納的過程，才有機會成為高手。

這樣的人，看起來可能平凡無奇，路邊排隊買便當的阿伯、公園散步遛狗的阿姨、手上提著公事包的年輕小夥子，搞不好不說，沒人看得出他們也會投資，就是這麼低調不張揚。但他們只要一出手、一張嘴，便能顯現贏家的大器，不會強加自己的想法在他人之上，往往對他人的意見表示認可，各方面都展現出了彈性與從容，又知道進退。

這些特質和高手有什麼關係？還有，在新手和高手眼裡，山就是山，但是什麼決定性因素，造成了新手和高手的差別？

見山又是山的人，已經透徹了解事物的本質，雖然一樣看到山，但看到的不只是表象，而是山的本體，這就是新手和高手的不同之處。而高手往往會認可他人的意見，是因為他們深知，投資市場沒有對與錯，只要有理由支持看法，那就是對的，接下來就等待結果，確認是輸錢還是贏錢，永遠保持平常心。

上述這三種境界，並沒有哪種境界一定會賺錢，哪種境界一定會賠錢，畢竟可能影響的因素太多了，包括運勢、資金、行情、心態等，就算是菜鳥也有機會大賺，高手也有可能大賠。

但凡事必有其盡頭，如果無法提升到第三種境界、對市場抱持尊敬之心，那只要還待在市場一天，永遠都有被抬出去的機率，因為貪念會迫使槓桿越放越大。

多年前，我曾遇過一位老婦人，好幾年下來的穩定獲利，使她身價倍增，出門都是賓士代步。這樣的人，你認為是三種境界中哪個層次呢？都賺這麼多了，應該稱得上高手了吧？是的，當年我也認為她已抵達最高境界，沒想到後來，就因為一個不必要的貪念，讓她在兩天之內輸光身家，數十年的獲利累積淪為一無所有。

這個案例讓我深知，**人性才是最該掌握的關鍵，其餘皆只是輔助，說穿了，高手與新手不過一線之隔罷了。投資最可怕的地方，不是你不懂，而是你不怕。**

我自己也經歷過這個變化過程。一開始，我年少輕狂，投資總是大賺大賠，心情也跟著大起大落；但是到了現在，我選擇多看少做、想辦法守住財富，確認具有一定勝率才會出手，變化非常大。

我認為，你追求的是什麼，最後一定會反映在你的未來。接下來，我們來看看各階段應該注意哪些重點。

新手期：學習知識與技術，滿足基本操作條件

很多初學者在踏進期貨操作領域時，可能在網路上看過太多神話般的故事，總是認為期貨能快速致富，很多人連券商的投資軟體都不太會用，甚至K棒是什麼也不懂，就一股腦地鑽進來想賺錢。

對此，我常常感到好奇，如果我們今天去買一輛車、一台電視機，甚至再小一點的手機好了，可能會先在網路上研究個老半天，查閱所有資訊、貨比三家，來幫助自己不要買錯，最好買到便宜、CP值高的。那為何期貨這種風險更高、CP值也更高的商品，人們卻不太願意花時間去了解它？

我想了很久，發現答案很簡單也很直白……我先賣個關子，最後再解答。

首先，新手剛踏入期貨的操作世界時，一切都是模模糊糊，要學的東西非常多，但大致上分成幾個層面：區分K棒型態、了解專業名詞與術語、熟悉看盤軟體的介面與功能。

▌區分K棒型態

光是K棒本身，就會因為開收K的位置不一樣，而有實體長紅K、實體長黑K、上影線K、下影線K、上下影線K等，可以視為多空力道對抗後的結果。而且，每一個交易日總共有5個小時，也就會有5根小時K，每1小時會走出12根5分K，每5分鐘會走出5根1分K，這些K棒的連續組合形成了一整天的走勢（見圖6-1到6-4）。

投資人剛入門時，務必花點時間去了解，這些每天一定會出現的K棒所代表的基本意義。而且很多投資商品都會顯示K線圖，這

些與 K 棒相關的知識都能派上用場。

如果不理解 K 棒所表達的定義與內涵，基礎沒打好，便有可能導致操作上的層層問題。而這類基本內容我也不贅述了，只要在網路上搜尋，就會出現非常多的免費資訊，或是花個幾百塊，購買相關書籍，直接閱讀別人已經內化過的內容，總之資料取得非常容易，是必做的首要工作之一。

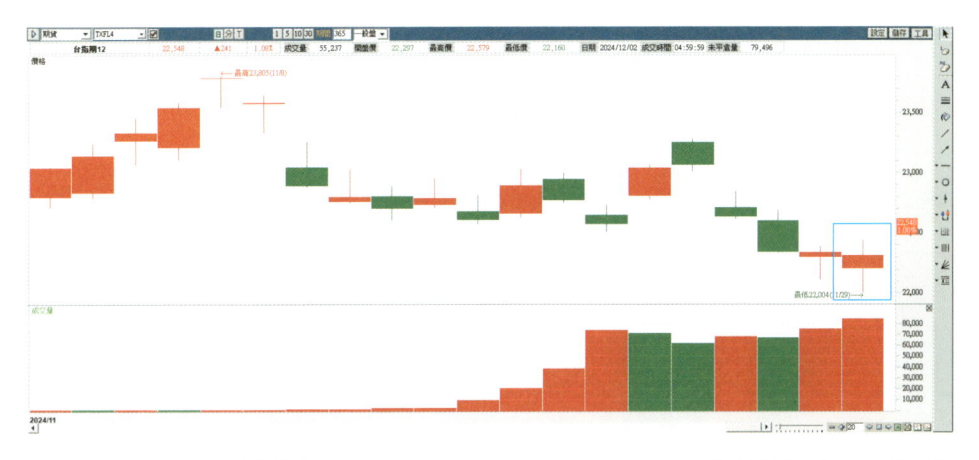

圖 6-1　日 K，即一天走勢結果　　　　　　　　　　　資料來源：統 eVIP 全球版

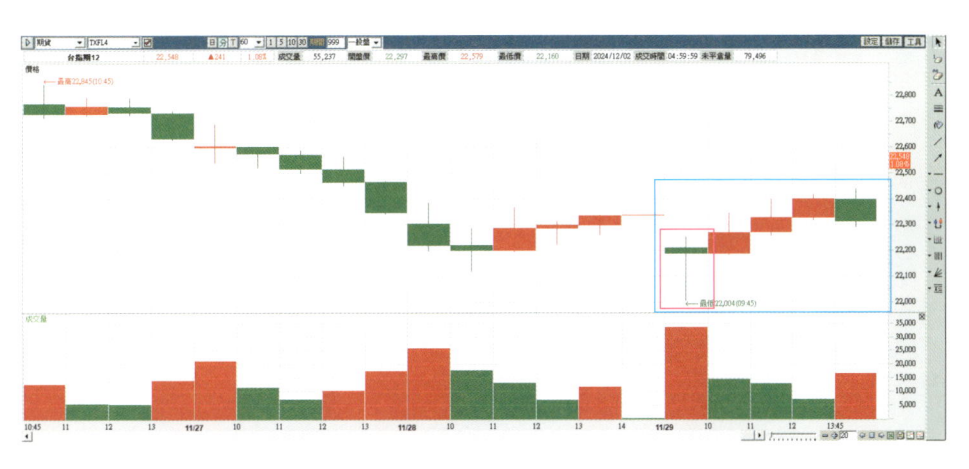

圖 6-2　5 根小時 K，組成 1 根日 K　　　　　　　　　資料來源：統 eVIP 全球版

圖 6-3　12 根 5 分 K，組成 1 根小時 K　　　　　　　　　　　資料來源：統 eVIP 全球版

圖 6-4　5 根 1 分 K，組成 1 根 5 分 K　　　　　　　　　　　資料來源：統 eVIP 全球版

▍了解專業名詞與術語

　　在正式投入資金之前，你真的了解你所要投資的商品嗎？名稱是什麼？怎麼個投資法？基本知識族繁不及備載，以下簡單舉例一些較為常見的概念，知道的很好，可以當作複習；不知道的也沒關係，就趁機搞懂，每個人都是從不懂開始，先承認自己不懂，才有

PART 6　各階段對於投資的正確想像

辦法進步。

基本概念

- **台指期貨**（Taiwan Index Futures，簡稱 TX）：以台灣加權股價指數為標的的期貨合約，投資人透過買賣台指期貨合約，可以預測台灣股市未來走勢。
- **多頭**（Bull，牛市）：市場處於上漲趨勢。
- **空頭**（Bear，熊市）：市場處於下跌趨勢。
- **保證金**：交易人必須擁有的資金門檻，用以確保履約。
- **履約**：期貨合約到期時，買賣雙方必須依約進行交割。

交易相關

- **做多**：投資人預期市場價格上漲，買入期貨合約。
- **做空**：投資人預期市場價格下跌，賣出期貨合約。
- **平倉**：賣掉多單或買回空單，結束原先的交易。
- **未平倉部位**：尚未平倉的期貨合約。
- **限價單**：投資人指定一個價格進行買賣，若市場價格達到指定價格，則成交。
- **市價單**：以市場上最好的價格立即成交。
- **停損單**：當價格達到設定的停損點時，系統自動平倉，以限制損失。
- **停利單**：當價格達到設定的停利點時，系統自動平倉，以獲利了結。

> **盤面資訊**
> - **開盤價**：交易日開始時的第一筆成交價。
> - **收盤價**：交易日結束前的最後一筆成交價。
> - **最高價**：交易日內最高的成交價。
> - **最低價**：交易日內最低的成交價。
> - **漲跌點數**：今日收盤價與昨日收盤價的差額。

▋熟悉看盤軟體的介面與功能

很多投資人在操作時，由於工作繁忙，習慣用手機下單，或許操作上比較便利，但我認為這行為是在拿錢開玩笑。

期貨的波動有時非常快速，如果用手機下單，最大的問題便是畫面，小到幾乎看不清楚，我就聽過學生按錯進場的口數，或者是要平倉按成加碼，這些都會導致非常嚴重的後果，卻又經常發生。

此外，由於手機看盤軟體的功能少於電腦版，習慣用手機下單的投資人往往在進場後，是不會設定停損價格的，所以很容易造成虧損凹單的問題接續出現。

每家券商提供的看盤軟體功能大同小異，可挑選自己合適的就好。特別要注意的是，要操作期貨的人，建議找期貨商開戶，不要找兼營的股票券商，因為軟體的傳輸速度上會有差距。

選好看盤軟體之後，第一步不是下單，而是花 1 到 2 周的時間，把許多功能先搞懂並熟練，例如：K 棒要怎麼切換不同分 K、均線

如何設定、技術指標怎麼設定與改變參數、要從哪裡下單……不用全部都學，但自己必會用到的一定要懂，同時將軟體畫面設定成自己需要的格式，像是切割成 4 格畫面同時看不同指數或分 K，如果狀況許可，甚至能夠陸續增加螢幕數量。

以我個人使用群益的看盤軟體為例，由於參考的資訊較多，我會使用工具列的組合功能，將畫面分割成 4 格，包含左上的台指期全盤 5 分 K、左下的台指期全盤 60 分 K、右上的台指期一般盤（日盤）5 分 K，以及右下的預留切換格（見圖 6-5）。左側的台指期全盤 K 線專門用來觀察短線和中線的趨勢，我總是固定不改；右側則是下單操作用的，右下會切換觀察富台期、小那斯達克期貨、1 分 K、選擇權等。

不過我不會一直停留在 4 格畫面，也有需要更放大來看的時候，比如台指期 5 分 K（見圖 6-6）、選擇權未平倉籌碼圖（見圖 6-7）等，就會使用單一視窗來觀看放大圖。

圖 6-5　何毅里長伯的軟體分割畫面　　　　　　　　　資料來源：群益贏家策略王

圖 6-6　利用單一視窗觀看台指期 5 分 K 的放大圖　　　　　資料來源：群益贏家策略王

圖 6-7　利用單一視窗觀看選擇權未平倉籌碼圖　　　　　資料來源：群益贏家策略王

PART 6　各階段對於投資的正確想像

在看盤軟體中，設定好的視窗會產生頁籤，如同電腦網頁的索引標籤一樣，我們可以跳去看別頁再跳回來，也不用每次都要花時間重找。像我會觀察台指期日線圖、加權指數、小那斯達克日線圖，我就把這幾個畫面加入「新台幣」（視窗名稱可自行更改）的頁籤中，只要開啟新台幣視窗，就可以利用技術分析的小選項來切換畫面（見圖 6-8 箭頭處）。

圖 6-8　點選視窗快捷列的頁籤，可快速切換使用中的畫面　　　　資料來源：群益贏家策略王

真的在看盤軟體上找不到自己想要的功能，除了可以諮詢營業員，得到更專業的建議和服務，網路上也可以搜尋到非常多的軟體使用教學，這是現代操作者最大的優勢。

我年輕時踏入期貨領域時，網路還不盛行，那是打電話下單的時代，有時忙線還打不進去，影響交易過程，想學習各種知識更是難如登天，不像現在這麼方便，網路查一查就一大堆，實在很幸福，大家一定要好好利用科技的便利性。

以上是身為新手應該做好的功課。

沒學好就投入市場，最終必將大賠

而在新手期的初學者，因為還不會靈活運用所學，所以操作上會傾向比較單純的做法，喜歡詢問別人哪裡是合適的進場價格、看漲還是看跌，然後就進場操作。

一開始新手可能比較沒有停損觀念，也沒有延伸操作的概念，所以往往賺到錢後會疏於防範，誤以為期貨操作還滿簡單的。等新手運沒了，就越做越不順利，金額越賠越大，直到發現這樣下去不是辦法之後，才開始尋求進一步的幫助。

簡單來講，便是該學習的部分沒有先學好，就匆忙地踏入市場交易，直到戶頭的錢越來越少，才驚覺自己應該做點改變。這時手裡能運用資金可能已經很少或是不夠，更甚者是偷偷挪用不該用的資金，又擔心東窗事發，希望能在短期內補滿資金缺口，然後更加積極地操作。

像這樣在不正確的背景條件下進行操作，最後的結果絕對是雪上加霜，這是我在多年教學經驗裡遇到最普遍的新手問題。

那這個問題該怎麼預防與改變呢？你**必須將操作的可用資金與生活上的資金完全切割開來，不能混在一起**。人畢竟是情緒性的動物，如果因為操作不當，讓你生活上的必要花費減少，就會導致焦慮與明顯的情緒波動，而期貨操作需要冷靜且理性思考，任何會導致情緒波動的負面因素都不能存在。

我也曾聽過有人是靠期貨操作來賺日常生活費，只要一天沒賺到，說不定就會餓肚子了，這種狀況的投資人，操作壓力肯定比單純多賺零用錢的人還大，要冷靜也很困難。

有人會問:「我剛踏入社會,沒有存多少錢,那我要怎麼把生活費用與閒置資金分開處理?」我的回答很直接——很抱歉,你還不適合踏入期貨市場。

我們要了解一個事實:如果期貨這麼簡單好賺,那大家為何還要朝九晚五地辛苦工作呢?都辭掉工作來賺期貨的錢就好了不是嗎?所以說,不是大家都有辦法這樣獲利。

▎有堅定的賺錢決心,才有動力學習

要讓期貨的錢變得好賺、讓這個獲利辦法變得可行,存在相對的條件,不是所有人都具備。一如我前面提到的,人們買車、買電視機、買手機,都可能先上網研究過評價、比較規格,在面對動用資金可能更大的期貨時,理應要更加認真,像是當成一份事業去經營。比如我要開設一家店面,需要先知道開店的營運成本、可能會遭遇的風險、適合營業的時段等,營運前的功課不能少。

正常人一天上班 8 個小時,每月工作 20 天,需要投入 160 個小時,每個月收入以目前所得平均約 4 萬到 5 萬元;至於期貨操作每個月可能產生的利潤,若以小台指 1 口計算,可能是 1 萬到 10 萬元的差距。由此可見,期貨操作可以有效擴大收益,並且更快速累積財富。

想當然,面對比工作上更大的獲利能力,更需要認真投入。如果只是抱持著玩玩的心態,不想太認真面對期貨操作的領域去階段式學習,我建議還是不要踏入比較好,因為輸光錢事小,萬一造成家庭破裂就不好了,但這種狀況屢見不鮮,務必牢記切記。

70% 的投資人會長期局限在這個新手階段無法提升,可能的因

素很多，其中工作關係和資金問題這兩者最常見。所以新手期可能很短也可能很長，並不是說接觸期貨一段時間，就一定能脫離新手期；這段時期通常會維持 1 到 3 年，但超過 3 年還是新手的也大有人在，我接觸過許多投資人，操作時間已經高達 5 年以上，卻仍然不懂技術指標所表達的基本概念。

新手期沒有捷徑，就是要花時間去吸收消化並且建立操作模型。這個道理大家都知道，但為什麼有些人不願意了解和學習呢？也就是我一開始的提問：為何期貨這種風險更高、CP 值也更高的商品，人們卻不太願意花時間去了解它？答案很簡單，說穿了——**他們並沒有自己認為的想賺錢，就這樣而已。**

當想賺錢的心越強烈，自然會有動力學習，而且是學習怎麼釣魚、也就是主動學習相關技術，而不只是希望別人拿魚給自己吃、一心只想求明牌。

老手期：學習紀律，穩定獲利

老手和新手的最大差別，在於是否建立「操作模型」。這是什麼意思呢？

簡單來講，就是建立一個制式化操作方式，適合你自己的特色與條件。這裡的重點是「適合自己」，每個人進入市場的條件不同，採取的 SOP 就不同。

比如小王有閒置資金 100 萬元，可操作 3 口大台，或是 12 口小台，非常有變化性，而且每天可操作的時間長達 5 小時，屬於全職操作者；反觀小明，閒置資金僅有 10 萬元，只能操作 1 口小台或是 4 口微台，又因為是個上班族，所以每天能看盤操作的時間只

有 1 到 2 小時而已。

適合小王的操作模式,小明也可以套用嗎?光是操作口數就有落差了。那反過來,適合小明的操作模式,會適合小王嗎?顯然也不適合,所以說兩人的操作模型就會不一樣,小王與小明都要去建立專屬於自己的操作 SOP。

別人的操作模型,不一定適合你

我們常常聽到投資人想學習某人的操作方式去賺錢,但必須先了解條件適不適合。就像股神巴菲特買股票,你跟著他買,而他的資金部位可承受 80% 的虧損才停損,你能夠承受嗎?

法人界的投資常常是賺錢的,不過他們靠的不是技術,而是紀律與財力,還有就是電話線比較粗,消息比較靈通。我們普通投資人沒有這些條件優勢,就更需要創造出適合自己的操作模型來應對。而操作模型的建立,在你操作了一定比例的次數以後,隨著經驗累積,還有不斷檢討、修正、改進,慢慢就會建立起來了。

其實這跟打線上遊戲沒兩樣,大家都是從等級 1 開始練起,裝備也是大同小異的新手套裝,但隨著等級提升,到了要轉職的時候了,有人喜歡玩遠程法師,有人喜歡玩近戰鬥士,也有人喜歡玩輔助補師,身上穿的裝備就會不一樣,搭配屬性也有差別。

一樣的道理,在看完本書之後,針對我所分享的進退場、停利保本之類技巧,是不是要完全照做?我認為這些只是先拿來過渡的方法而已,你終究會發掘出專屬自己的操作模型。

從規律變得隨性，太自信導致失敗

順利度過新手階段、擁有自己的操作模型，大約是在踏入市場 3 年之後，只要每月交易次數超過 100 次，3 年便可累積 3,600 次操作經驗。這些操作有的賺錢、有的賠錢，但由於反覆不斷交易，漸漸地培養盤感，甚至也有了一定的估盤能力，讓賺錢的次數提高。

在這段時期，如果偶爾還是避不了大賠一筆，深究其中的原因，不外乎是因為操作時間長了以後，慢慢忽略了風險，或是由於勝率還不錯，導致心態上有點膨脹，**把看法與做法混在一起，或者太堅持看法而忽略了做法，這是比較大的問題。**

我們都知道，任何一個能賺錢的領域，長期需要的並不是爆發性，而是穩定性。開源節流在期貨操作上也是必備的一環──「**開源**」是指找尋進場套利的機會，「**節流**」則是降低進場時的虧損金額與次數。

老手容易犯的問題，便是忽略了新手期建立的基礎，原本規律的操作模型變得太隨性。像我有學生明明交易了滿長的時間，已經算是老手了，但偶爾進場太有自信，便懶得設立停損價，隨即碰上比較大的虧損。

其實這個錯誤本可避免掉，卻常常會在老手時期反覆發生。所以要常常保持心態歸零，用最平穩的心去面對每天的操作，長期來看就會很穩定。

高手期：修正心態，攻守兼具

最後一個階段，就是所謂的高手期。不管在任何領域裡，總會有某些人特別出類拔萃，讓我們不禁自問，為何做同樣的事情，他們總是做得比我們好？是學歷的關係嗎？還是家世背景的因素？在投資圈裡操作優秀的人，都具備了什麼成功的條件？

在大眾眼中，高手可能就是做 10 筆單賺 9 筆，勝率至少要 90% 以上，才能算是高手，但這其實並不準確。操作能夠涵蓋的範圍很廣，包括收益結果、盈虧金額、操作邏輯與心態、進出位置與理由等。從進場到退場的整個過程集結起來，才是操作的全部，不能只關注在結果有沒有賺、賺多少。

我在投資圈也待超過 20 年了，這麼多年下來，對於要怎樣操作才稱得上高手？我的結論就一段話：「**操作化繁為簡，過程按部就班，損益遵守紀律，賺賠不驕不餒。**」高手不只是一個名詞，更是一個終極領域、一個至高境界。

不過這些，老手不是也能做到嗎？兩者差別在哪裡？難道是高手懂得運用的技術分析技巧更多、勝率又比老手更高？

▎不追求技術，追求長期勝率

實際上，在高手的領域，技術分析沒有那麼重要了，把 100 次操作結果攤開來看，能準確做對方向進行套利的機率，可能也就 50%。要去定義一個高手的操作，應該把時間周期拉長來看，而不是看短期獲利，**重點是最後還要能全身而退、留住財富**，才稱得上是高手。

換句話說，新手學習知識與技巧、老手建立一個操作模型，

這兩個都著重在知道如何出手，也就是攻擊的方法；但如果要成為高手，除了熟練前面的攻擊方法以外，還必須修正心態，做好「防守」。

但新手也重視心態啊，跟高手所重視的有何不同？不曉得大家有沒有過這樣的經驗：曾經某幾天或某幾周勝率很高，賺錢像喝水一樣容易，非常快速地累積了不小的獲利，但在後面的幾次操作之中，一下子就把前面的獲利給輸光了。為什麼會這樣？原因是什麼？是不是技術不好、或是看錯方向？都不是，而是因為心態膨脹、整個人飄了。

有些人賺到錢之後，看到自己的高勝率，就把前面所用的技術紀律拋到腦後，忘記先前是用什麼方式與過程賺到錢，只想著如果繼續順利下去，自己可以再賺多少。

可能你本來是從 10 萬本金辛苦經營，小心翼翼地操作，慢慢累積翻倍到 20 萬；這 20 萬又再全部投入，翻倍賺到 40 萬；繼續全數投入，40 萬翻倍成了 80 萬……此時你的心已經飄了，認為操作其實沒那麼複雜，有些紀律好像不太需要嚴格遵守，於是你改變了一開始的操作模式，換了一個新的想法投入市場。然後就開始出現不順遂的操作，但又不死心，仍舊沒有停下腳步去反省，滿腦子只想著再賺回來，最終還是把前面辛苦賺的又吐個精光。

▌固定資金比例操作，務必落袋為安

高手就不會遇到這種狀況了。

對於賺到的錢、用的技術與分析，高手永遠都是一個模子不會改變。獲利就是獲利，該出金就是出金，不會把全數獲利持續投入

市場。更不會因為操作不順,就再挹注資金,每個月永遠都是維持固定的資金比例去操作,獲利的時候先讓一半落袋為安,這就是最基本的資金控管。

前面提到,即使高手,100 筆操作攤開來看,可能也只有 50 筆是賺的;值得注意的是,賺可能是大賺、小賺,但賠絕不會是大賠。時間久了就會發現,**獲利其中一大部分來源其實是「少輸與多賺」**,一來一回之間,輸越少,就是贏越多,這是要去看透的一環。

這樣的話,怎麼可能快速致富?沒錯,這個獲利原則可能不會是賺最多的,但能永遠不敗。況且時勢造英雄,致富也需要伴隨天時、地利、人和,不是你想致富、技術夠了,就能夠做到。

▌獲利轉到穩定商品,保留戰果

根據經濟周期理論,人的一生有三次致富的機會,如果時間未到環境背景能使人致富的時候,就已經進入市場操作,那你能做的不是追求致富,而是保持戰力、維持不輸,期間慢慢累積資本,並好好經營你的生活與工作,等待致富的機會來臨。

只要你的資金、技術都足夠,心態也穩的話,隨著股市大多頭出現,天時、地利、人和就到達了一定的平衡,足以使你致富。這是我多年觀察股市領悟出的道理。

做期貨跟做股票最大的差別,在於你只要用心努力地學習操作、遵守紀律,做期貨可以更快地累積資本。我給學生的建議是:**用期貨賺取股票資金,然後不斷地把獲利轉到安穩的股票上**,維持這樣的模式,不要讓戶頭瞬間膨脹。順帶一提,法人長期的獲利也都來自於股票的投資,並非期貨。

這樣的好處是，你不會因為賺到比較多錢，就不斷地再度投入期貨操作，然後一次賠光；你一樣賺到錢了，只是換到另一個長期穩定的商品上。這就像在存私房錢一樣，你不要看到錢，自然不會亂花。

當然，我們無法百分之百掛保證說，沒有人單純靠著期貨操作發財致富，但相較於這個可能性，危險性高出太多了。正如前面說過的，「投資最可怕的地方，不是你不懂，而是你不怕」，實在不可不慎。

以上這些老生常談，可以簡單歸納成一句話：「**新手修技術，老手修紀律，高手修心態。**」能看到學生的層次提升，是身為人師最大的期望，但這其實也與個人領悟力有關，無法強求，也難以速成。

切忌貪念，大開槓桿

然而，現代社會的步調越來越快，加上網路發達、資訊爆炸，許多人其實只想求個懶人包，為什麼我不乾脆回應這些人的需求，凡事只講結論呢？一來很困難，所有概念其實都環環相扣；二來這會讓投資人養成壞習慣。

試想，如果有一個老師，會直接告訴學生考題，那不在考試範圍的內容，學生還會認真聽講嗎？當然不會，拿上課的時間多看幾本漫畫多好。這還不打緊，某天，如果考題不在老師說的考試範圍內，導致很多人不會寫，學生會怎麼想？八成是：老師騙人。

我所做的，就是避免這種情況發生。

真正在操作的雖然是投資人自己，但人心其實非常脆弱，不管

是資深或是菜鳥，一句簡單但主觀的話語，其實都會影響到觀看者，所以我能做的，就是把邏輯說清楚、講完整。

就算可以加上免責語，例如「行情分析僅供參考，投資人須自行考慮風險」，但看在我眼中，這樣解套就像一個大人什麼都不說，只在一把槍上貼個「小心走火」的標籤，就放在小孩面前，萬一真的走火了，是要怪小孩不懂，還是該怪大人為何什麼防護措施都不做，就將槍放在小孩面前？

技術、紀律、心態，缺一不可。 大家只要一天不離開這市場，即使大多時間都獲利，但只要有一天做得太順、賺得太多，貪念一起，槓桿下去，或許就一無所有，甚至沒有東山再起的資金。

最後送大家一句經典名言：「追求卓越，成功自然找上你！」共勉之。

單元思考

1. 新手期「見山是山」，此階段的學習重點為何？
2. 老手期「見山不是山」，此階段的目標是什麼？
3. 高手期「見山又是山」，此階段著重在什麼地方？
4. 怎麼樣管理資金會比較適當？
5. 你現在處於哪個階段？遇到哪些問題？可以如何解決？

PART 7
操作核心問答

要想解決問題，
得釐清問題的源頭

> **里長伯廣播**
>
> ★ 投資成功與否並非取決於你了解的東西,而在於你能否老老實實地承認你所不知道的東西。★

一直以來,我的教學概念和邏輯都一樣,但還是經常遇到學生詢問:「為何我的交易操作總是贏小錢、賠大錢?」、「為何我的交易操作總是追高殺低?」無論我十多年來教育了多少投資人,傳達了多少的技術與觀念,卻總是無法徹底解決這些問題。

於是我發現,要想解決問題,首先得從問題的源頭找起,才能治標、進而治本。有時候,投資人看似滿頭問號,問完一個接一個,但很多問題其實可以直指一個核心,也就是問題不同,但解法其實是一樣的。

核心問題 1:接下來還會不會漲/跌?

「我現在應該買嗎?」

「現在可以賣了嗎?」

「賣了之後繼續漲怎麼辦?」

「買了之後轉跌怎麼辦?」

「有辦法買在最低、賣在最高嗎?」

以上這些問題,絕對是投資人最常問的,你到網路上隨便一個投資討論版,八成都能看到類似問題。

在前一個單元,已經說明了投資人的新手、老手、高手階段,而上述這些,是新手階段特別會出現的問題,原因在於這類人的投資模型還沒建立好、對於 SOP 還不熟悉。

我們將這些問題抽絲剝繭,會發現大家真正想問的,說穿了就是「接下來還會不會漲?還會不會跌?」以此決定自己要不要買、要不要賣。而要解決這個問題,關鍵是**確定自己的進退場原因,以及操作模式**。

首先講「進退場原因」。我認為期貨操作主要分成兩個主軸來觸發。

操作 1:由個人想法、情緒觸發

這類人投資很看「感覺」,進出基礎往往是「我覺得」、「我以為」。比如看到當天股票市場買氣很強,期貨的價格很強勢,盤面也有不錯的消息面支持,就認為好像可以進場了,並沒有顧慮到進場的成本高低,也不參考技術面的配置,就只是一種莫名想要參與的感覺突然冒出來,似乎不進場財富便會快速遠離。

當價格轉弱以後,就自我安慰這只是合理的修正,給自己一個虧損卻繼續持倉的好理由,與一開始進場的原因背道而馳——進場時是為了追逐強勢而進,但不再強勢卻不願退場觀望——這是大多數投資人會大賠的共通的毛病。

當然,不能說虧損時繼續持倉一定不對。如果長線趨勢支持上漲,那即使進場價格不是很好,未來也會解套賺錢,但重點是:**這**

個未來需要多久？手頭資金撐不撐得住虧損？

股票還可以捏著，甚至有機會賺賺股利；期貨就不同了，有結算制度存在，如果你買進的方向，它沒辦法在結算前讓你產生獲利，那結算時你必須先付出虧損的代價。

以目前市場不斷調高保證金而言，換倉時的虧損不一定能讓你維持同樣比例的保證金繼續轉倉，就算方向後續是對的，但資金不夠、無法繼續持有商品，也是枉然。這代表著**在期貨的操作領域裡，即使操作的方向正確，仍然要考慮進場成本以及時間問題，與股票大不相同**。

就好比說你在未來的捷運站旁，選中一個很有發展潛力的位置，開了一間早餐店，也聘請了好幾個員工，準備迎接捷運站開通後的商機。但捷運站開通還需要半年，你沒考慮到這段時間可能生意不佳，照樣用人潮眾多的規格在經營，結果半年時間到了，人潮終於變多，但你的錢也燒光了。

要說你的眼光不對嗎？其實也對，畢竟人潮就是錢潮，只是挹注資金的時機不太理想。所以說，眼光看對但方式做錯，最後結局也不會是好的。

簡而言之，單憑個人本身的想法、情緒所觸發的操作，也常常因為個人想法與情緒而凹單；即使看法正確，也務必考慮成本及時間問題。

操作 2：由技術面或價格面觸發

通常這類投資人想法比較死板，也很愛鑽研技術分析、按照訊號做單，但最大的問題，就是只知其一不知其二。

比如技術型態中最為大眾所熟知的 M 頭型態，被認為是空訊；還有一個 W 底型態，則被認為是多訊，當技術面出現某種訊號便進場。

如果是更複雜的狀況呢？舉例來說，日線在多方趨勢上，60 分線也在多方趨勢上，但當天 5 分線出現 M 頭型態，這時應該依照技術型態偏向做空，還是依照大趨勢仍維持做多？由此可知，**技術型態也有時間係數的大小問題，卻被很多人忽略**。

當日線趨勢高機率在多方（均線排列往上擴大），但短期趨勢（5 分 K）轉空（見圖 7-1），如果依照短線的技術型態做空，那從長線的角度來看，就是「逆勢操作」，高機率賺小錢，也可能在虧損凹單後賠大錢。因此，我們該做的，應該是等待買進的時機，賺到大趨勢的獲利，而不是賣出做空，除非你是要打短單。

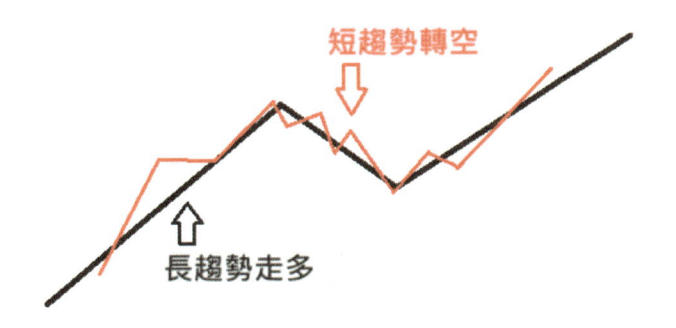

圖 7-1　不同時間係數的型態，趨勢可能不同　　　　　　　資料來源：作者提供

所謂的賺小賠大，常常發生在逆勢操作，正是因為忽略了時間係數的大小，卻又執著地認定某個趨勢。比如前面的例子，依照短期趨勢型態進去做空之後，因為認定當下處於空頭，所以一心想做空。但對日線趨勢而言，這只是個小回測，回測完又轉上去，執著做空的人可能一開始還有賺，之後就變成賠錢，不停損就越賠越多。

但，**做逆勢單不好賺，並不表示不能賺**。像是操作水準已經夠高的高手，做逆勢單一樣能賺到不錯的利潤，甚至來回操作套利。但我們的操作水準到哪裡，自己心知肚明，所以「挑正確的方向做單」是首要判定的目標，初學者可能不太會拿捏，但務必熟悉相關技巧與邏輯，以逐步跨越過這個瓶頸。

接著是「操作模式」，這也可以分成兩種。

模式 1：被動操作

在看到盤面達到某個特定條件之後，才會動作。這些特定條件就是一個訊號，例如均線、關鍵價、突破或跌破某個位置，無論技術面或是價格面，都可以是訊號；我們既改變不了訊號，也無法創造訊號，所以只能被動操作。

選擇被動操作的投資人，通常是新手，或是比較沒有主觀想法的人，按照訊號動作就像按表操課一樣，相當單純。

但換個角度來看，只要沒有訊號可以觀察，這類人可能就不曉得如何操作了。他們**最怕碰到兩種盤型，一種是價格不符合預期的盤型，另一種是上下都沒有均線或價格帶可以參考的盤型**。一旦沒有訊號可以參考，盤中就容易陷入糾結，不敢也無法進去嘗試。

另外，由於是等待確定的訊號才進場，所以位置都不會是最漂亮的。當你看到盤中有人進出在相對高低點，大多不是採取被動操作。

模式 2：主動操作

顧名思義，就是投資人自主決定何時進場、何時出場，操作由個人本身的想法所觸發，而最簡單的展現就是試單。

但看到訊號後進場，不也是試單嗎？沒錯，不過主動操作的試單，更強調在訊號不明顯的情況之下，例如快碰到均線但還沒碰到、快突破價格帶但還沒突破、整根 K 棒還沒走完但已經走出三分之二根……簡單來說，就是在狀況沒確定時進場嘗試（不等收 K，進入範圍帶就敲進），這些主動因素可以歸類成**盤感、比對、預測**。

主動操作時，要考慮給單子多少容錯的空間，還要考慮到，這個容錯空間對比獲利空間划不划算，例如估出來是強勢往上的盤，那麼設停損 15 點，這個容錯空間就是划算的，因為如果抓到機會，都能輕易賺超過 15 點。

我自己是**以主動試單為主，但也會因為被動因素進場，兩者並不相斥**。對比過去，現在的日價差比較大，如果試單策略可以在一定時間、一定範圍內積極嘗試，只要成功，利潤很可觀。

被動操作和主動操作的轉換，好比在玩遊戲，所有玩家都會從基礎關卡開始，但玩了一段時間之後，有些人會卡在基礎關卡，或是覺得基礎關卡就很夠玩了，不玩進階關卡也沒差；有些人會想挑戰更高的難度，看看自己能不能操作得更精湛，時不時再玩一下基礎關卡。

一般來說，台指當沖比較漂亮的空點和買點，多半採取主動操作，而且不是一次進去就成功，就我個人而言，大概都要試個兩次，才會有比較漂亮的獲利單出來。

還有,台指期開盤後半個小時,因為常有追價單、停損單、情緒單、法人高頻交易單,所以方向還不明確,很容易上下洗。通常也都是比較主觀地對當天看漲或看跌,而且開盤不久就觸及事先抓好的價格,才比較有依據試單。

補充一下,如果想要開盤後半小時內就進場,單純只觀察 5 分 K 型態,被洗的機率很高,所以我會從前半小時中,細分出更有機會進場的時間 K,比如 9 點 5 分的現貨開盤 K,最有機會成為開盤後第一根高點 K 或是低點 K,而這根 K 棒往往也是大量 K。

▎百點訊號有一定勝率,可主動試單

至於哪一種操作方式比較好?主觀操作具有先手優勢,但容易秒賺秒損;依照訊號被動操作具有型態優勢,但價格不漂亮。沒有哪個選擇只有優點、毫無缺點,反正自己當下就先決定好要做哪一種,做了就做了也不用後悔。**只要理由具備,就進場操作,其他不用想太多。**

有了這些基礎認知之後,我們回過頭來檢視核心問題:「接下來還會不會漲/跌?」針對這題,我的建議是——在脫離菜鳥階段之後,更應該思考,如果在某一個地方試單、停損設多少點,有沒有獲利機會?然後持續精進技術,提高試單的準確性。

譬如我們常講的盤中回跌 100 點、拉高 100 點,都屬於被動因素,但百點訊號擁有一定勝率,可以化成主動試單的條件。假設遇到拉高 100 點好了,當下只要去評估和分析,**這個地方如果有獲利,要不要保持移動停利?假如空手,要不要試空設短損?**而不是一直執著在還會不會漲或跌。

PART 7　操作核心問答

說穿了，操作就是看盤面給出怎麼的資訊，我們再憑藉資訊的意義，去思考該怎麼處理。這和憑空猜想後續會不會漲、會不會跌，有著本質上的不同。

核心問題 2：為什麼總是賺小賠大？

既然知道逆勢操作容易賺小賠大，避開不就好了嗎？道理我們都知道，但人性就是很難克服，只要造成賺小賠大的心態沒有改變，即使順勢操作，單子也會因為價格震盪，而容易被洗掉。

「等等利潤回吐怎麼辦？」

「價格一直跳，看起來很可怕。」

「價格上去又回來，要不要先補多單？」

「我這麼晚才進空，等等先跑好了。」

「之前都小賺就跑，不然這次⋯⋯凹單看看？」

上面這幾句心聲，常見於總是賺小賠大的投資人。在解決「為什麼總是賺小賠大？」這個問題之前，我們要先確認賺小賠大的定義，接著探討背後的心理原因，最後再學習解決方法。

賺小賠大的定義，白話來講就是確認多少算小？多少算大？以免有些人可能賠個 10 點，就感覺天要塌了，但對有些人來說，10 點根本不痛不癢。在我的定義中，「小」大約是 **10 到 30 點的利潤，100 點以上開始稱為「大」**。

大台期貨 1 點跳動價值新台幣 200 元，30 點就是 6,000 元；小台期貨 1 點跳動價值新台幣 50 元，30 點就是 1,500 元。現在又衍生出微台這個商品，1 點跳動價值新台幣 10 元，30 點就是 300 元，這個新商品可說是降低了投資期貨的門檻，學生族群或許拿零用錢

就能投資，但也可說是用來幫券商賺手續費跟政府的稅金收入，總之一體兩面，不過這是題外話。

有些人之所以常常只賺到小利潤，說穿了就是因為「害怕失去」。失去什麼？失去手中既有的利潤。

假設老何今天進場玩當沖，進場位置還不錯，買進後馬上上漲50點，但因為遇到壓力區，開始出現回壓。這時他手中的利潤從50點變成35點，換算一口大台的話，就是從賺1萬變成賺7,000；換算小台的話，則是從賺2,500變成賺1,750。

這時，老何心想：「如果等等再回壓，壓到沒賺，那不是很虧？」基於擔心利潤吞噬，他提前停利退場。沒想到，後續漲得更多，但是老何手中已經沒單了，想當然也沒賺到這一段。

那要追買嗎？「我前面買這麼低，後面價格這麼高了，哪買得下手啊！」於是老何改成反向做空，明知是逆勢單，但也沒有其他選擇，結果只賺了小錢，後面還有幾筆都是賠的。

考慮利潤擴大的機率，提高勝率

這個狀況，幾乎每天、每周都在交易市場中發生，我相信每一位投資人都心有戚戚焉，而這就是人性使然，很難避免。一套操作方式要能穩健獲利，必須建立在大賺小賠上，假如本來會大賺的，在小賺時就收手，小賠的還是照賠，甚至可能因為想拚拚看而變成大賠，那當然沒辦法大賺。

至於解決方法，就是想辦法擴大利潤。應該所有投資人都有想到這一點，重點是不知道該怎麼做，所以我這裡提供一個邏輯思維——小賺時設停利當然沒問題，只是**在設停利的背景之下，應當**

要再多留意「利潤擴大的機率問題」。

　　什麼叫利潤擴大的機率問題？從本書單元五提到的日價差系統可以知道，每天的波動會有一定的價格高低差距產生，普遍來說，少則一百多點，大則三、四百點。以這樣的基礎來看，假設今天進場後發現日價差只出現 70 點，這樣日價差是不是可能繼續擴大？換句話說，只要做對邊，利潤擴大的機率很高。

　　這部分完全不用扯到技術分析，只是用慣性去合理推測而已。只是這會牽扯到另外一個問題，就是我們無法準確知道日價差會往哪一邊擴大，有可能你做多，結果日價差幅度往下擴大，那反倒沒賺。

　　舉例來說，某天開盤後往上漲了 70 點，期間小何趁機進場做多，賺了 50 點，他考慮到日價差到目前只有 70 點，應該還會增加，於是沒有動單，但有設 30 點停利。結果收盤前，不僅一路拉回開盤價，甚至又下跌了 200 點，當天的日價差變成 270 點（往上 70 點＋往下 200 點）。

　　日價差是不是增加了？是。但有讓小何的利潤擴大嗎？沒有，因為日價差增加的方向和操作方向相反。這樣看來，小何開盤後進場做多，然後設停利退場，就是一個正確的動作。如果日價差持續往上擴大，小何就能賺超過 30 點。

　　換個情況，當天開盤往上漲了 70 點，期間小何進場做多賺了 50 點，設拉回到賺 30 點停利。沒想到走勢剛剛好拉回 30 點，把小何洗出場後，又繼續往上漲了 230 點，最後總計往上日價差 270 點，但小何停利在賺 30 點的位置，後續也不敢繼續做多，一路放空到收盤，步上前面老何的後塵。

做複數單，增加容錯空間也增加利潤

所以說，單純停利並沒有不對，只是斷了自己的退路，因為設停利之後，日價差往反方向擴大，容易打到停利點，往同方向擴大但先回測，也可能打到停利點，這樣到底該怎麼做？其實只要**讓操作口數變成複數**就好了。

比如老何和小何，原本是操作 1 口大台期貨，可以改做 2 到 4 口小台期貨，讓操作的選擇跟著增加。本來因為只有 1 口，每次決定都像在定生死；但如果同時持有好幾口，就可以分批退場，增加容錯的空間，也增加賺到更多利潤的機會。

不過手續費和稅金是依口數收取的，複數單就會多花一點點，看個人覺得划不划算。以我自己來說，由於賺到的利潤遠大於這些固定成本，自然會支持這種操作模式，而且長期來看，做複數單的績效會比單數單還要好。

以前台股最多就一萬多點，每天期貨的波動來到一百多點就很大了，每天往往只有 50 到 70 點價差，想多賺點非常困難。但這幾年的期貨市場已經不一樣了，依照我每天記錄給學生參考的資料，日價差大致會在 150 到 250 點，近期甚至平均 250 點起跳，每周可以波動破千點（見表 7-2）。面對這樣的大波動交易時代，**套利已經不是難題，把握擴大利潤的機率，才是重點交易之王道**。

漲跌	日期	價差	漲跌	日期	價差	漲跌	日期	價差
+177	2024-10-25	235	-208	2024-11-11	323	+28	2024-11-25	273
-155	2024-10-28	441	-704	2024-11-12	379	-430	2024-11-26	230
-350	2024-10-29	455	-86	2024-11-13	285	-289	2024-11-27	349
-72	2024-10-30	300	-99	2024-11-14	304	-10	2024-11-28	268
-151	2024-11-01	590	+75	2024-11-15	246	-24	2024-11-29	434
+288	2024-11-04	346	-185	2024-11-18	245	+514	2024-12-02	330
+94	2024-11-05	457	+276	2024-11-19	403	+285	2024-12-03	192
+189	2024-11-06	397	-164	2024-11-20	288	+182	2024-12-04	225
+208	2024-11-07	491	-113	2024-11-21	219	-43	2024-12-05	117
+249	2024-11-08	266	+465	2024-11-22	286	-72	2024-12-06	226

表 7-2　2024/10/25 到 12/06 日價差統計表　　　　　　　　　資料來源：HiStock 嗨投資
註：此為嗨投資理財學院「何毅的實戰控盤轉折術」之專屬學院聖杯，付費加入學院即可使用

一進場就先虧損，應檢討進場時機

我總是教育學生，當你**產生獲利之後，除了設定基本的停利價格，還要盡量持續擁有多餘的倉位，進一步換取利潤擴大的機會**。

如果操作從頭到尾都是 1 口單進出，那產生獲利以後，又出現壓力開始拉回，那要賣掉還是續抱？

賣掉？你會怕，萬一繼續漲怎麼辦？

續抱？你會怕，利潤變少或沒賺怎麼辦？

怎麼做好像都不是最好的方式，所以一次就進複數單，其實最單純，這樣在出現獲利但擔心修正時，可以先部分套利，讓一部分

的利潤落袋；至於剩餘的口數，可以選擇用最低限度的持有方式（保本單）來持有它，這樣只會有兩種結果：

1. 剩下的口數利潤擴大。

2. 剩下的口數有賺變成幾乎沒賺，只賺到前面賣掉的口數。

這時你可能會問：「做 1 口變成做 2 口，這樣進場後被停損的話，不就會賠更多嗎？」沒錯，口數增加雖然換來更好的後續持有調整空間，但如果沒有先出現獲利、而是先產生虧損，就會多 1 口的虧損，有得必有失。

不過，我們回過頭想想，一進場就先虧損，這跟賺小賠大或是複數單有關係嗎？主要原因應該是進場位置不好，那要修正的其實是進場的技術，本書有介紹到的操作技巧都可以參考運用，本單元就不再一一說明了。

不要小看複數單這個簡單的改變，它可能會將你困擾多年的問題一次解決。但是**太初期的新手，我並不建議使用複數單**，因為操作還不夠靈活，對於進出場的判定也不是這麼成熟，最好等操作到達一定水準後再考慮。

核心問題 3：能不能別賠錢？

沒辦法賺錢，除了前面提到的「害怕失去手中既有利潤」之外，還有一個原因是「怕輸」。

大家都怕輸，但有些人已經怕到影響操作了，像是你明明採取主動操作，但看到當下盤中出訊號紅 K，卻不按照 SOP 主動試單，這就很大條了。可能有人會說，自己不是怕賠，只是還不確定轉強；但在實務上，我們都知道，等到轉強 K 確定出現，價格往往更爛，

更容易被洗，進場會更害怕。

如果問題不是出在技術，而是心態，也就是**怕輸的心魔沒有克服掉，那麼學再多都沒有用**，因為也沒有投入使用技術的機會。

別忘了，2024 年大盤已經突破 20,000 點，漲跌幅和過去大不相同，如果你眼睜睜看著訊號出現，又不想用 20 點的停損去換取一個機會，想從根本回避賠到停損這件事，其實你已經不適合做期貨了。因為你會有如驚弓之鳥，一進去就停損，小賺時一有風吹草動就跑，不停被打保本和打停損。

還記得很久以前有個生髮劑廣告，裡頭提到一個傳說——拔到獅子的鬃毛，掉落的頭髮就能長回來。假如你真的要去拔獅子的鬃毛，難道不用做保護措施嗎？牠可不是貓。做期貨也一樣，因為比股票更不安全，所以勢必要有一個保護機制，而這個保護機制就是停損，我們不能只用虧損的概念看待停損這件事。

▍拋掉昨日盈虧，每天重新開始

此外，太容易被情緒影響，可能會面臨到另一個問題，就是每次操作都會受到前一筆單影響。假設昨天賠了 10 萬，有些人隔天會因此綁手綁腳，也可能會想要一口氣把昨天賠的贏回來，只要一有這種想法就完蛋了。因為如果沒辦法一口氣贏回來，當天卻又收到利多的消息，可能會很篤定地什麼訊號都不看了，結果抱上去又抱下來，一毛都沒賺到，昨天賠的都還在。

反過來也一樣。假設昨天賺了 10 萬，有些人會因此大意，甚至隨便做單，萬一真的賠錢了，也會安慰自己，把昨天的獲利拿來貼補今天的虧損……千萬不能有這種想法。

對於當沖交易者而言，每天的盤都是從零開始，不管昨天是賺 100 萬還是賠 100 萬，今天都要當作不存在，那都是昨天的事了，今天就是重新開始，讓心態歸零。

　　我總會告訴學生，**不要把昨天的盈虧帶到今天的操作**，兩個毫不相干，只要一帶進來，九成不會有好下場。如果把績效期間擴大，將上個月的盈虧帶到這個月，一樣不會有好下場，因為心裡有包袱，導致腦中念頭只剩下新手等級的疑問：「會不會再漲？會不會再跌？」完全把理性思考的被動因素，以及比較感性思考的主動因素，全都拋到九霄雲外，剩下就是亂做。

　　投資人一定要把心態、觀念、操作能力建立起來，平時也可以多聽聽其他人的經驗，藉此把怕輸的心魔去除掉。只要我們有把保護措施做好，就不需要太害怕，同時不要太把盈虧放在心上，這真的是大忌，它會如影隨形跟著你，把你原本好不容易建立起來的技術和自信摧毀掉。

▌按 SOP 操作，而不被情緒牽著走

　　我經常告訴學生，在「學習」的過程中，**操作是輸是贏，並不是那麼重要；重要的是有沒有在練習正確的操作**。何謂正確的操作？就是出現某種訊號時帶入 SOP，但這不表示百分百絕對賺錢，只是建立試單，換取一個機會。

　　一般我在規劃行情時，會有自己主觀的想法與做法，接著以這套規劃為主去運作，如果都很順利，沒什麼誤差或損失，就會繼續照著規劃走；如果已經出現誤差或是損失，我就會開始評估調整，看要怎麼調整比較好。

這就像是我們平常要出去玩,會先規劃一下行車路線,如果過程中都順利就繼續開車,發現不太對了,可能碰上施工或是其他狀況,就要開始調整路線,看看能不能調整到對的路線上。

當然,調整操作也不一定對,有可能調整錯,但是什麼時候該調整,自己本身要有一個概念與尺度,超過這個概念或是尺度就要調整或是退場,避免一錯再錯。

很多人不願意調整或停損,除了認為本來想法絕對沒錯以外,也可能是覺得如果退單就要做反向單,他不想做反向,但也不想空手,所以選擇繼續抱看看,沒想到越抱越慘。

「停損就是賠錢,不做單就不會被打停損了。」

「我昨天有賺錢,今天賠錢就算了。」

「昨天賠錢了,所以今天要一口氣加倍賺回來!」

「明明看到訊號,但就是不敢下單⋯⋯。」

如果還有以上這些想法,得再調整一下心態面,重新思考自己的做單情緒,否則操作會很容易受挫。

核心問題4:操作到底要學什麼?

「我看我鄰居也沒操作多久,怎麼他就能賺錢?」

「人家都說做期貨如賭博,看來很靠運氣吧?」

「學這麼多,我都混亂了。」

「玩又玩不過主力,幹嘛還要學操作?」

「就算要學,我也不知道怎麼學習比較好⋯⋯。」

期貨因為是高槓桿商品,加上波動大,所以盈虧金額可以到很

大，許多投資人會對其有壞印象、甚至產生抗拒心理，也是源自於此。

有些學生會覺得，我教的東西很多，但老實說，這並不是因為我故意講得很複雜，而是做期貨套利，實務上本來就需要滿多套技術與理論，如果毫無門檻可言，那麼操盤達人會滿街跑，大家都不用上班了。

由於投資市場一半是人工的、有主力在控盤，而非全部天然形成的，所以不可能有很準確又簡單的技術，就可以常態性穩定賺錢。我會教基本的技術，例如看均線；也會觀察人工盤的慣性來自創技術，比如我觀察一段時間後統整開發出的招搖 K 就是一項，由於是我定義的，所以更理解其特色，以及相對應的可能性是什麼。這些是不是都要學？是。好不好用？有一定的實用性在。每天都會發生嗎？當然不會，但是**你多懂一些，你就贏別人一些**。

多方涉獵技術，才能面對多變走勢

本書提到的其他技巧，例如二分之一、均線、百點，都是所謂的關鍵價，沒有哪個單一技術以及計算方式，每天都能用到；相對的，每天也不是只有一種技巧可以用，例如開盤，可能會先觀察前一天高低點位置來取價，再隨著 K 棒越跑越多，延伸使用其他技術，像是價格可能逐漸接近 MA20 或 MA60，就用均線來取價。

你在哪邊試單，與你想做多還是做空有關，至於做了會不會停損，通常取決於操作方向對或錯，以及價格精準度到多少。如果碰到特殊盤，落差基本上很大，比如日價差 500 點，這種盤往往難以抓高低點，均線也沒有明確撐壓，只能做訊號 K 追漲追跌，或者索性空手觀望喝咖啡（不要期待每天的盤型都很和平，有些日子就是

不適合做單)。

這就像是在遊戲裡頭安排隊伍陣容,你讓一個血量超少、防禦力超低的射手站在第一個,有辦法讓他好好攻擊嗎?他沒第一個變成砲灰就很不錯了。但如果對手的攻擊距離都不長,根本碰不到你的射手陣,那還是有機會打贏。

陣容就好比操作的技術,對手則如同盤型,每一個技術都有相對好發揮的盤型,有時候今天用對、明天用錯,但技術仍是對的,只是用到不對的盤,或是遇到難做的盤,像結算日或是建倉期間,就比較難操作。

主力在控盤的時候,可能有既定的想法與目標,但不會死板地控制,而是會搭配很多環節(見圖 7-3),比如會不會遇到結算、國際面的漲跌。總之只要能夠在想要的時間內,到達他想要的價格就好了,中間的過程有很多方式可以操控,也就會走出不同的盤法。

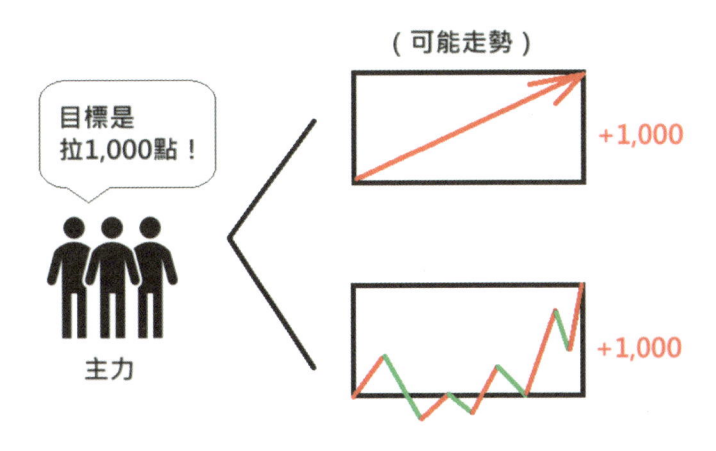

圖 7-3　主力會控盤,但不會死板控盤

既然沒有勝率 100% 的單一操作技巧，那麼紀律化操作就非常重要了，最好分配進場的時間或是價格帶（詳見單元一），然後平常搭配二分之一原理的觀察與理解、對稱的比例、百點的慣性、均線的位置等，輔助操作上的不足。會賺錢的位置，大概試單一、兩次就會賺了，太靠近的時間或是價格，不用一直試單。

▍善用虛擬交易所，零成本練技術

　　當然，**除了很具象的技巧招式之外，操作背後的觀念、邏輯、心態等較抽象的東西，全都需要學習**。如果發現自己常常搞混，那原因只有一個──還沒弄熟。

　　所有的技術，都必須花一段時間每天練習。觀念得看領悟力，每個人「通」的時間不一樣，只能多聽、多看、多接觸；至於技巧招式，只能透過操作來練習。

　　意思是實戰應用嗎？但我都還沒練好，直接實戰不會一直賠錢嗎？有可能，所以**我建議用歷史 K 棒來練習技術，一來不用花錢，二來可以針對某一個方法，想練幾次就練幾次**，練到很熟了再換下一個。

　　想更有臨場感的人，可以善用期交所的虛擬交易所（網址：https://sim2.taifex.com.tw/portal/）模擬練習，這個網站能夠幫助投資人熟悉全期交所的期選商品，將理論融合於實務應用，藉由不斷嘗試來尋求最佳策略。

台灣期貨交易所・虛擬交易所

在練習的過程中，你自然而然會搞懂那一套技術的優缺點，以及它的好用之處。也會因為盤感的累積，更知道哪時候適合使用這些技巧，或是發現自己過往的盲點，進而調整、修正，達到活用的境界。

操作期貨的 10 大忌諱

在書寫本書的過程中，回想學生及身邊期貨投資人會遇到的狀況，我將其統整成以下 10 大忌諱，用以提醒各位讀者。如果你沒有這些問題，那當然很好；如果你有，只要願意改變都不嫌晚。

1. 將非閒錢投入操作

我見過許多投資人，一開始接觸期貨時是用閒錢操作，但賠掉一些後，就把不適合用來投資、有既定用途的資金「偷偷借來用」，舉凡家庭生活費、小孩教育基金、購屋基金、養老金等，期望能扳回一城。但往往會因為挪用資金而壓力過大，導致更不幸的慘敗收場，甚至夫妻失和、家庭破碎，所以這是進行投資的首忌。

2. 獲利不出金，本金一直擴大，結果一次輸光

股市常說「新手運」，表示在什麼都不懂的情況下，還是有可能獲利，這會造成什麼問題呢？當你還不是很熟悉操作方式，這時卻贏了錢，就容易認定交易很簡單，於是持續投入本金、外加獲利的總額，期望一次大賺，看能不能買套房或是換台新車。

但投資是統計學的遊戲，當你不斷地投入所有資金，一定會遇到輸的那一次。你若是從 10 萬先賺到 30 萬，再把 30 萬全部投入，

給你運氣好連贏 3 次槓桿、累積到 120 萬，此時還不懂得回收資金的話，那你輸的那一次就是從 120 萬的高資本開始輸。贏時花一年，輸時花一天，想東山再起會很難。

所以要設定好獲利出金的上限，達到出金目標就出金，將錢轉出期貨保證金帳戶，只保留原始投入資本繼續投資。這樣好像不符合乘勝追擊的操作，但最為安全。

3. 進場後不設停損，獲利後不設保本

我有給學生一個操作口訣：「進場必設損，獲利轉保本。」這 10 個字是保命仙丹，只要嚴格執行，長期操作下來絕對不會遇到大賠，最低限度都能有未來獲利的機會。

在投資市場，三分靠技術，七分靠運氣，每月大約 20 個交易日中，你頂多能掌握住一半的時間，剩下一半時間高機率脫離掌控讓你輸錢。而長期能維持獲利的祕訣，不外乎是「賠時少賠，賺時多賺」，所以 20 個交易日裡，你賺個 10 天，剩下 10 天必須轉攻為守，因為不可能那麼順遂。

要想成為高手，就必須懂得防守的重要性，一味進攻會導致獲利衰退，而防守的方式就是這 10 字口訣。

4. 該進場不進場，該退場不退場

這種狀況區分成有盤前準備跟沒有盤前準備，如果沒有盤前準備，那盤中當然不太能評估哪邊可以進場試單，或是哪裡應該退場。

但就算有了盤前準備，也不一定盤中敢進場試單，大多數人都是太擔心輸錢，又或者是被開盤後漲跌氣勢所影響，本來已經評估

隔天要拉高做空,結果盤中拉高「感覺很強」又不敢進場試空,反而進場追多,等摔下來才鼓起勇氣停損多單進場試空單,就變成追高殺低單,這狀況幾乎天天在發生。

針對這種情形的改正方式,其實就是別心猿意馬,每一個方向都應該進去嘗試個 1 到 2 次,尤其是有時候盤中會出現強烈的訊號 K,我都稱它為「招搖 K」,這種 K 棒的出現,更是要按照慣性模式進場試單。操作的最高境界就是無情緒,該進則進,該退則退,不要想太多,想太多對於操作並沒有幫助。

5. 開盤前沒準備,開盤後隨便做

盤前準備算是比較專業的領域了,需要有一定時間的操作經驗作為基礎,來做好準備功課。

我從事教學這 10 年來,盤前晚上都會直播解盤,每次大概一小時,內容就是解讀當天的波動、技術面、籌碼面,然後再提前規劃隔天可能的波動方向、價位上的評估等。其實這不只是講解給學生聽,也是我自己長期做單以來所養成的習慣,若能在盤前先規劃好,對於盤勢變化心裡有所準備,開盤後才不會像無頭蒼蠅一樣,毫無章法地亂做單。

一般投資人都少了盤前準備這個環節,除非是經驗豐富的老手,或是當天的盤特別簡單好做,不然通常都會追高殺低、虧損退場。

6. 工作忙碌,抽空下單又無法盯盤

這是許多上班族操作者的通病,白天趁開會前看一下盤,單子

進場後還來不及退場就被叫去開會，等中午開完會出來，已經產生虧損。即使過程中有先出現獲利，但因忙於工作，沒有及時守住停利，當沖獲利單照樣變成虧損留倉單，這種狀況還滿常見的。

要改正這種問題，只能回歸操作者本身，上班就專心上班，做單時就專心做單，不要一心二用。現在也有夜盤可以操作了，總是會有時間專心做單的。

7. 保證金不夠，改去地下期貨下單

隨著指數大幅度上漲，期交所在 2024 年已經調高 7 次保證金，過去 1 口大台只要 10 萬就能進場交易，現在已經超過 30 萬；小台保證金也是，過去 1 口保證金大概 2 萬，現在要 8 萬才行（見表 7-4）。

表 7-4　期貨保證金

商品別	結算保證金	維持保證金	原始保證金
台股期貨（大台）	238,000 元	247,000 元	322,000 元
小型台指（小台）	59,500 元	61,750 元	80,500 元
微型台指期貨（微台）	11,900 元	12,350 元	16,100 元

資料來源：台灣期貨交易所，2024/12/09 更新

雖說波動加劇、風險性提高，勢必要調高保證金，好讓交易更有保障，但也間接讓許多投資人改去地下期貨交易。

地下期貨常以低手續費、免保證金來吸引投資人，是投資圈一直很盛行的檯面下交易，大部分也都與黑道有關聯。在這種模式下做單，基本上小錢能賺，但大錢沒得領。不僅如此，地下期貨還會

跟高利貸綁在一起合作，看你快沒錢了，就會慫恿你去借高利貸，所以很多投資人去玩地下期貨，結果下場很慘。

我奉勸大家，身邊如果有人叫你去非官方券商體系下單，最好趕緊切割，不管那個人在 LINE 群組有多活躍、跟你混得有多熟，也不要再聯絡了，因為他想要拉你去地下期貨輸錢，再抽你的分潤，一般可以抽到你當月虧損總額的 20% 到 50%。總之，人在社會上行走要牢記，主動親近你的，多半沒安好心眼，天上不會掉黃金，只會掉鳥屎，自己要小心為上。

8. 因心情做單不順卻不停手

有時候，我們難免會因某事而心情不佳，可能是跟伴侶吵架，也可能是小孩不聽話、考試考不好，又或是昨天開車與人擦撞之類的，導致我們當天操作時心浮氣躁，進場就連輸，這時就不要勉強自己繼續下單了。

反正一年有兩百多個交易日，不差這一天，你該做的就是先緩和調整你的情緒，離開交易台，以免當天鬼打牆，一路輸到收盤。

9. 身體不適，仍勉強做單

除了前一點的吵架或煩心事之外，身體不舒服時也不要做單。我們老祖宗有云，人的運勢與身體的氣有關聯，身體不適，氣必虛弱，易導致諸事不順，輕則傷財，重則傷身，切記。

10. 輸錢時想一次扳回

「輸、贏」在操作上會不斷交替出現，也就是說，贏錢與輸錢

都是一種「在真實交易裡必定會出現」的狀況。既然必定會出現，躲也躲不掉，就必須平常心看待，把輸贏跟交易視為兩條平行線。

當你已經將觀念轉變為：「交易＝有輸有贏＝正常狀況」，你就不會每次輸錢就急著想一次賺回來，而扭曲了操作的本質、變成賭博，甚至牽涉到 10 大忌諱的第一點——動用了不該用的錢去操作，這樣只會更急著賺回來。

看完以上 10 大操作忌諱，有沒有發現彼此之間環環相扣？你犯了一條就很可能也犯了第二條，然後越犯越多。既然知道它們的相互邏輯是如此微妙，我們便該牢記在心，不可觸犯。

當然，除了忌諱，本單元還講了很多邏輯與觀念。投資人在操作時一定要知道，自己的操作程度大概到哪，是菜鳥、老手還是高手？這個要有自知之明。當我們能夠老老實實地承認自己所不知道的東西，才是進步的開始，否則你看什麼東西都覺得自己會、自己懂、很簡單，等實際要操作時，表現又不盡理想。

還有，我**不建議投資人用手機操作**。像我現在用電腦看盤，常常同時看富台期、選擇權、海期、台指期，如果我手上有台指期的當沖單，選擇權又有多單留倉，我可以一邊看著海期的波動，一邊做台指期操作，一邊又顧到選擇權。換作手機就不容易看了，即使有四格畫面，畫面不過就那麼一點點。

對我來說，用手機做單，就像今天要上擂台了，結果你把一隻手反綁在背後，用一隻手跟兩隻手的人打拳擊，還沒開打就先輸一半了。我自己也幾乎不用手機做單，除非真的逼不得已，人剛好在外面，無法用電腦交易，但**頂多用手機退單、不會進單**。一來我自

知無法處理任何進單後的突發狀況，二來手機軟體不比電腦，有些資訊看不到，在這種狀況下單，不就是在跟自己的錢過不去嗎？

以上問題，投資人幾乎都會遇到，所以我希望大家能夠靜下心來閱讀，看一次看不懂，那就再看一次，花點時間反覆閱讀，同時也能回想自己的狀況，或多或少都能有些啟發。

最後，祝大家投資之路順順利利，不求大富，只求平安。

單元思考

1. 主動操作和被動操作的差別是？
2. 為什麼總是賺小賠大？要怎麼解決？
3. 要怎麼克服不敢做單的情緒？
4. 操作為什麼要學那麼多東西？
5. 操作期貨有哪些忌諱？

附 錄

看盤軟體參數設定指南

有鑑於常有學生詢問看盤軟體的設定問題，故本書最後加上幾個常見、或本書曾提及的設定教學以供參考。附錄中用來示範的券商軟體為「群益贏家策略王」。使用其他券商的軟體也無妨，理論上軟體功能不會差太多，只是設定方式稍有不同，遇到問題時可以直接諮詢營業員。

挑選自己慣用的自選股

投資商品非常多，彼此或多或少會有關聯與影響，但我們也不需要每一種都觀察，可以把幾個比較常看的商品挑出來，列進自選股，後續打開看盤軟體，首頁就能顯示自選股狀態，免去一一查詢的時間。

Step 1. 於上方工具列依序點選「自選股＞設定」。

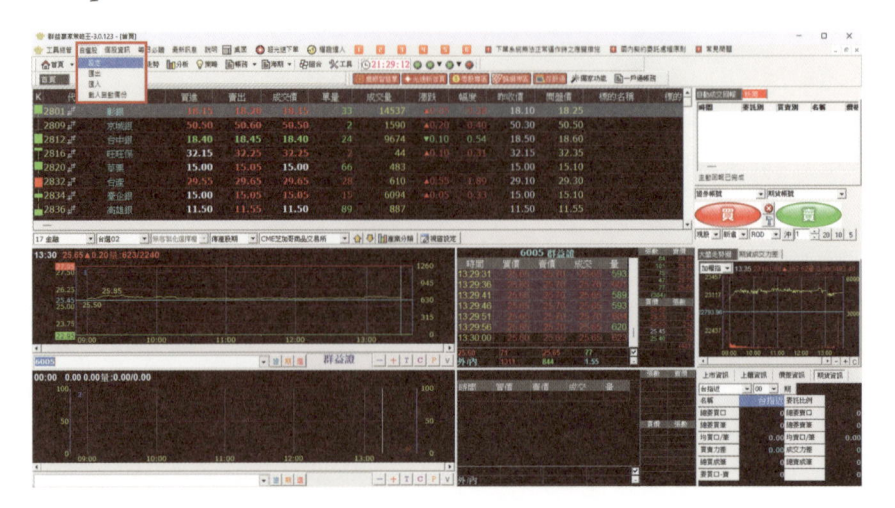

Step 2. 於雲端自選股設定的右下角，輸入「群組名稱」後按「新增群組」，已上傳自選股群組名稱中就會出現新的選項。

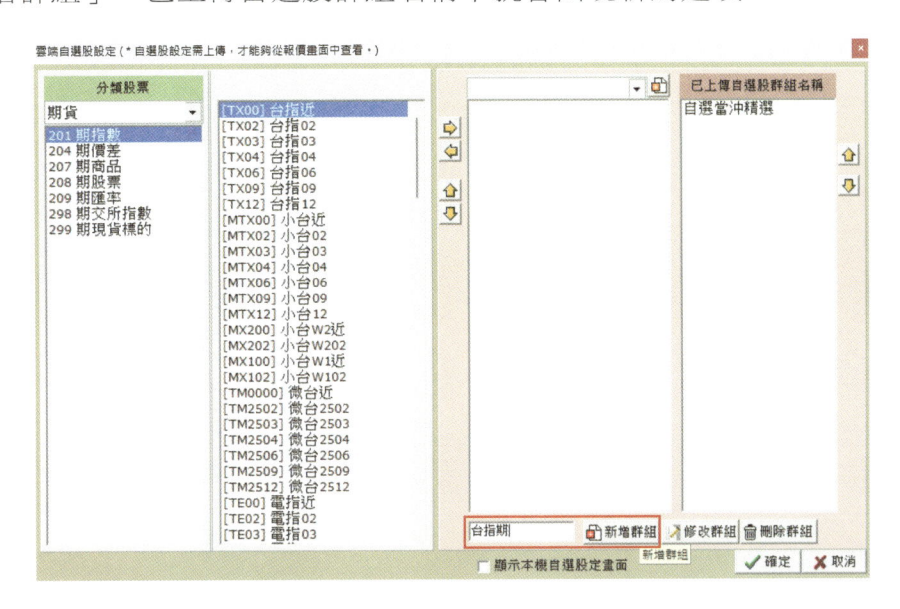

Step 3-1. 選定要編輯的群組後，於分類股票中選擇「期貨」，就能於「期指數」選項中找到台指期商品，點擊後按下右指箭頭來「新增自選股」。

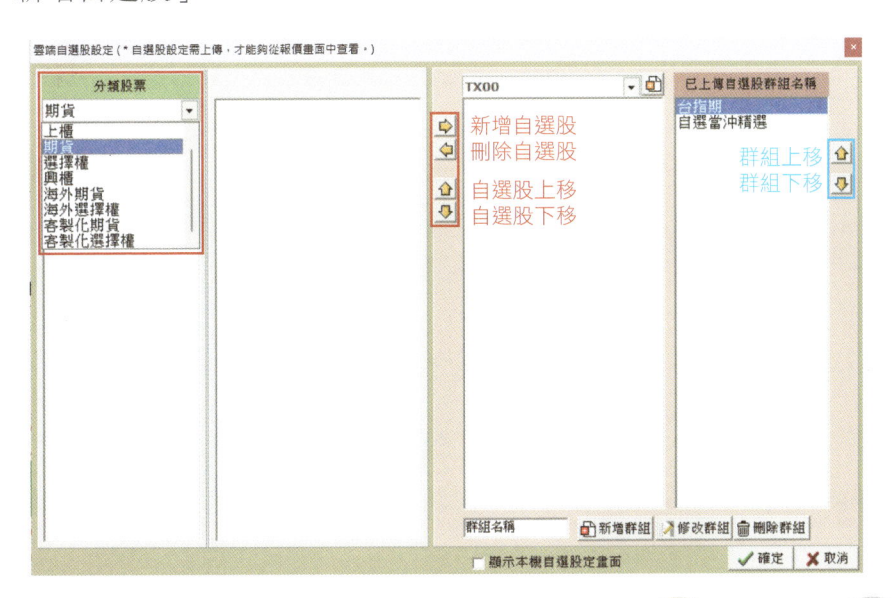

Step 3-2. 若找不到相對應的分類，也可於畫面中間偏右的欄位，輸入關鍵字來尋找，比如輸入「台指」，就會跳出許多相關選項。選取完後點擊旁邊加號圖示的「新增自選股」。

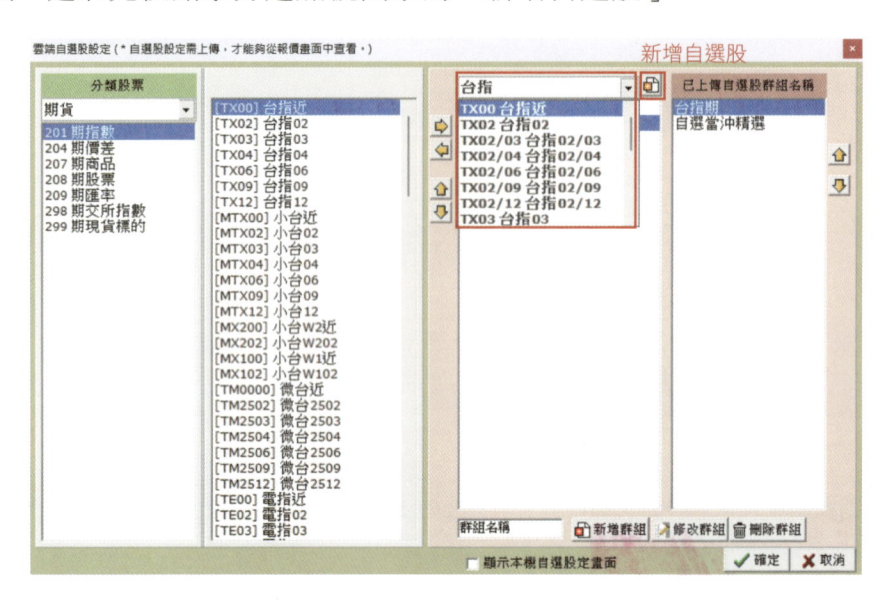

Step 4. 設定完畢後，按下「確定」，即會跳出「自選股異動成功」的訊息。

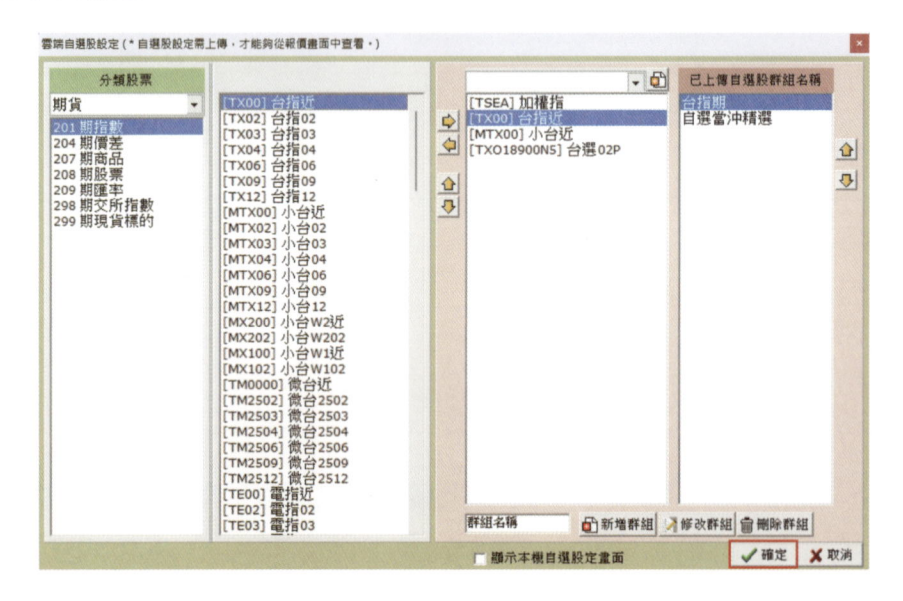

Step 5. 首頁出現自選股報價即成功。若想觀察其他商品，可從自選股欄位底下的選項調整。

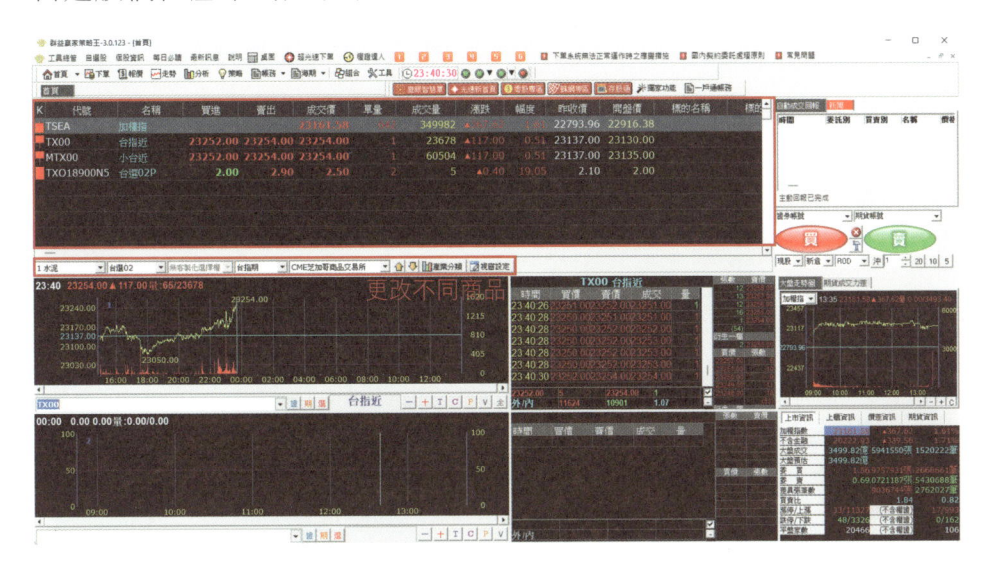

Step 6. 觀察完畢，只要從分類選單中找到自己設定的群組（在此範例為「台指期」），便能回到自選股報價。

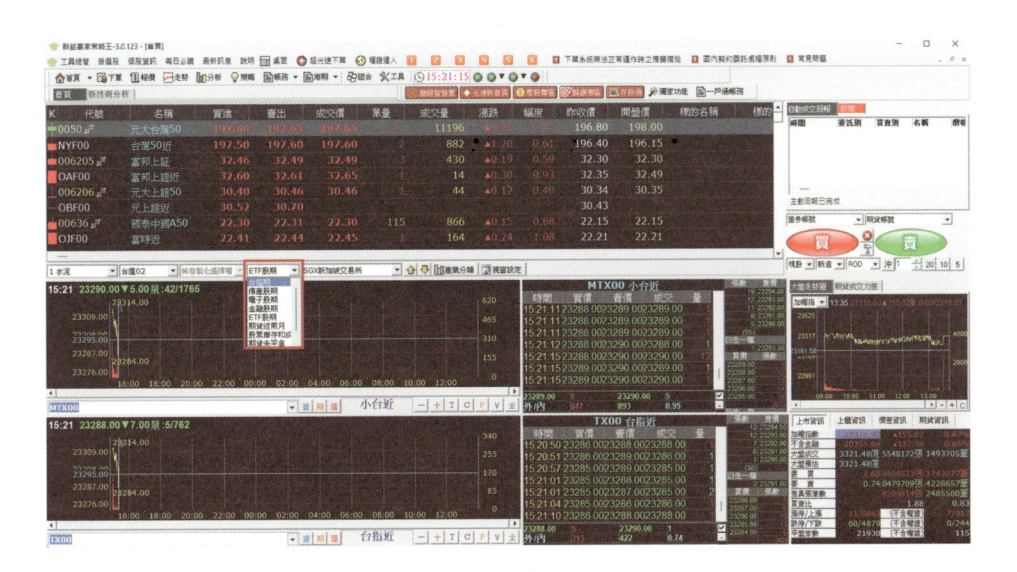

基本畫面與指標功能

看盤軟體的功能很多，在此介紹幾個最基本的功能。建議大家先把最基本的功能摸熟了，要下單再下單，不要急著操作。

Step 1. 在首頁商品中，選擇要看 K 線圖的商品後按滑鼠右鍵，點選「新技術分析」即可選擇不同周期的線圖，此處以「日線 288 天」為例。

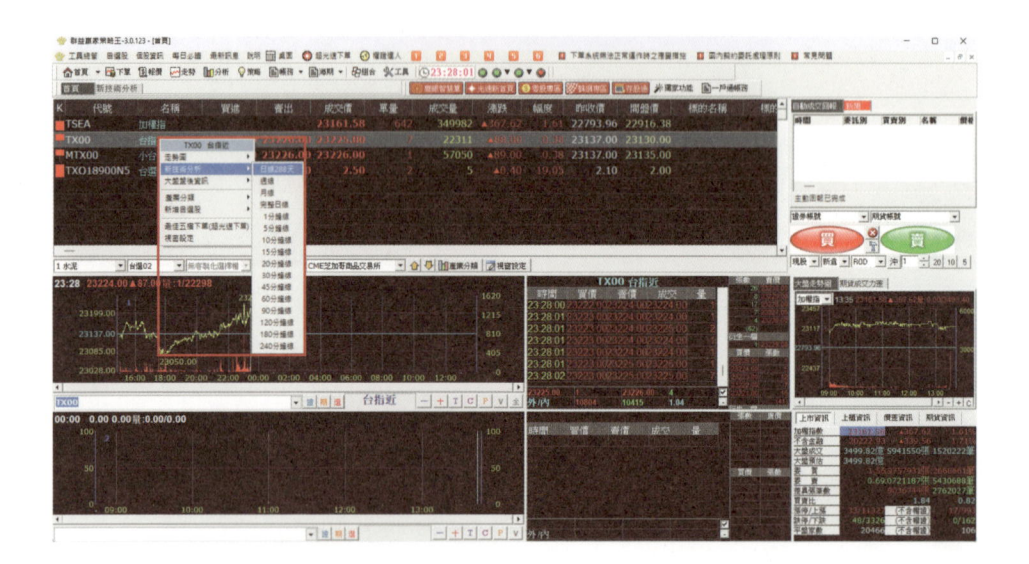

Step 2. 技術分析圖畫面如下，大致可以區分成左邊的技術指標、左下的商品設定，其他許多工具都在中下位置，包括設定、畫線、打字、截圖等。此段落會先說明如何更改商品與技術指標。

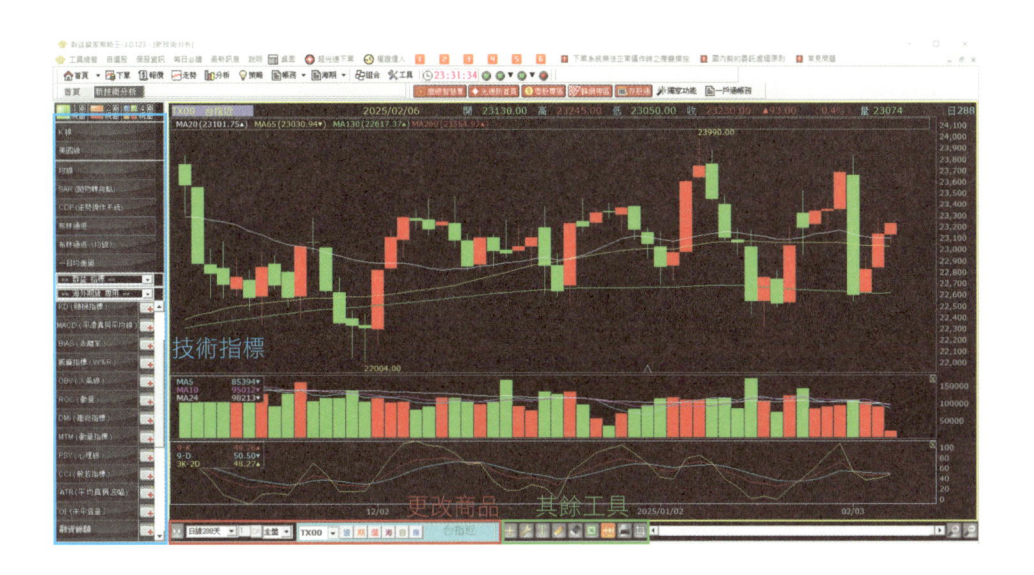

Step 3. 更改商品欄中，包含 ❶ 隱藏／展開技術指標欄、❷K線周期、❸ 日／夜盤（一般／全盤）切換、❹ 商品代號、❺ 商品分類（股票、期貨、選擇權、海外、自選股、庫存）。

Step 4. 點入「期貨」，即可快速切換小台、微台等其他商品。

Step 5. 若要修改技術指標，須先點選其餘工具欄位中的「設定」。

Step 6. 於「設定」視窗修改好後點擊「存檔」。更改 K 線顏色也是在此設定。

Step 7. 想要切換主圖上的技術指標時，直接點選左上角的技術指標即可更換，例如下圖在點選「布林通道」後，本來的均線就切換成布林通道了。另外，在已顯示的技術指標上按一下，該技術指標就會隱藏起來。

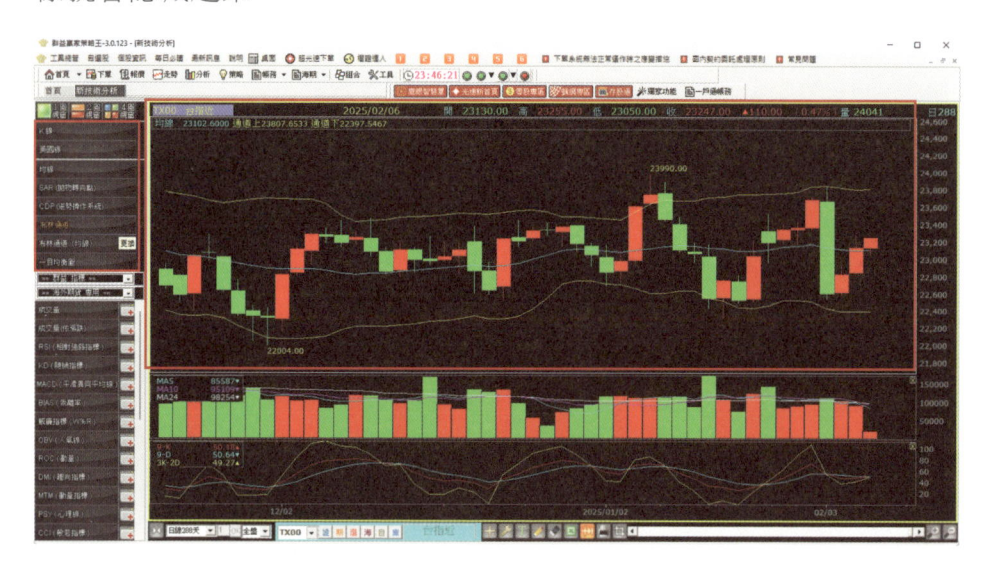

Step 8. 至於左下角的技術指標，會顯示在副圖，先點選要更換的副圖，接著點選左邊的技術指標，即可順利更換。

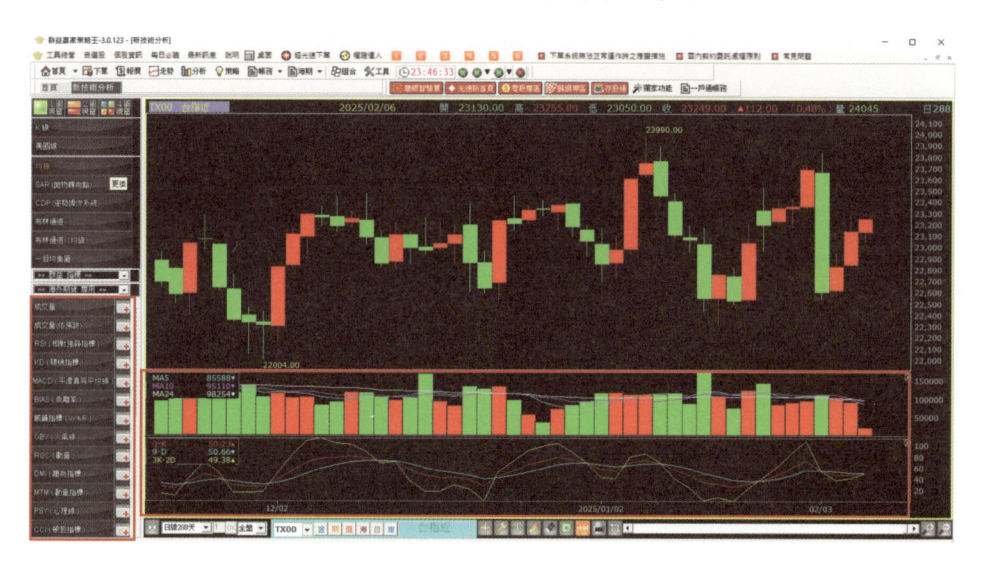

Step 9. 覺得底下的技術指標太多或太少，也可以點擊欄位右上角的「×」或技術指標旁邊的「＋」來刪減或增加。

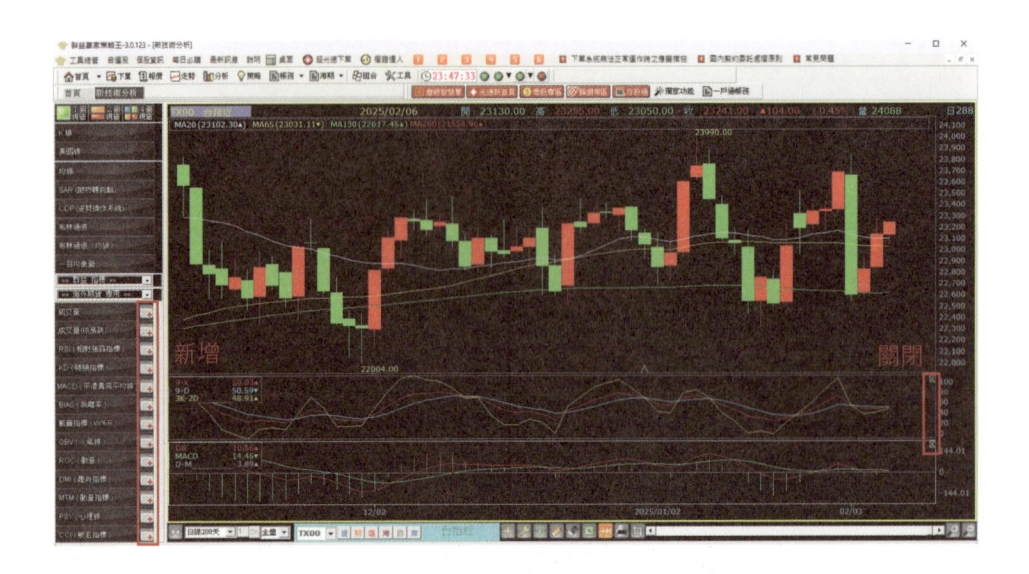

用黃金切割線找出二分之一

在二分之一理論的單元，我們提到了黃金切割線，利用看盤軟體的繪圖工具一拉，很快就能找到二分之一的位置，懶得計算數字又不相信目測的話，這就很好用了。

Step 1. 其餘工具欄中，我們已經知道扳手圖示為「設定」了，其他幾個功能分別是 ❶ 十字線、❷ 輸入文字、❸ 繪圖、❹ 清除全部畫線或文字、❺ 匯出歷史資料、❻ 鎖定最新 K 棒、❼ 預覽列印、❽ 螢幕截取。

Step 2. 依序點擊「繪圖＞黃金切割線－區間」，即可在線圖上拉出圖形。其他常用的還有拖曳線、矩形、圓形等，都可以試用看看。

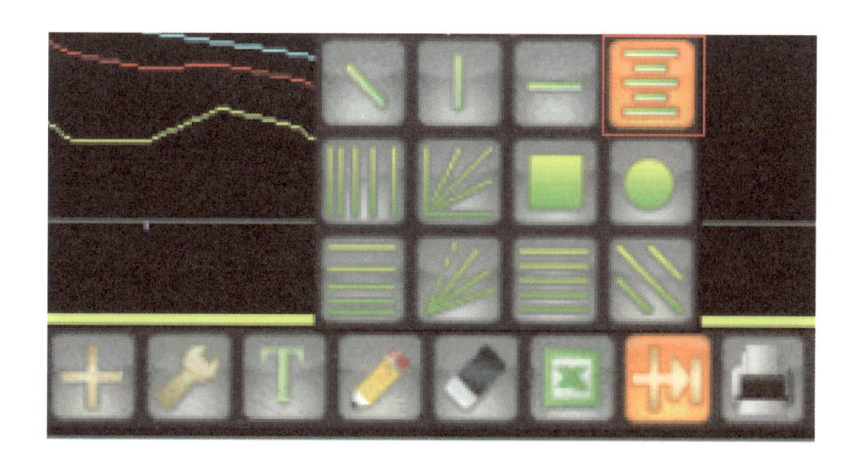

Step 3. 想修改黃金切割線的顏色、樣式、粗細、長短等，只需要對著畫出的線點擊滑鼠右鍵，便會跳出修改選項。此處以「顏色修改」為例。

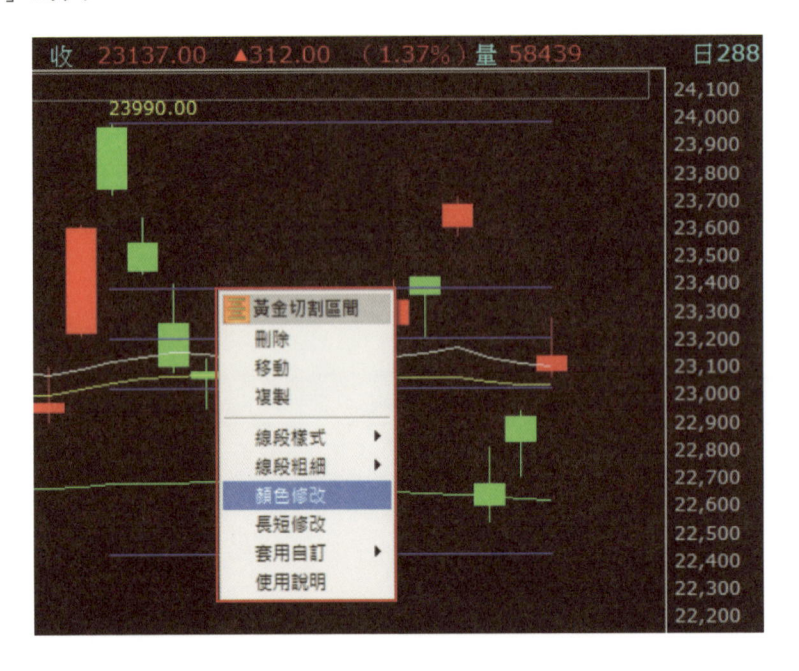

　　Step 4. 選定自己看得順眼的色彩後按下「確定」。

Step 5. 黃金分割線即變更為新設定的顏色。

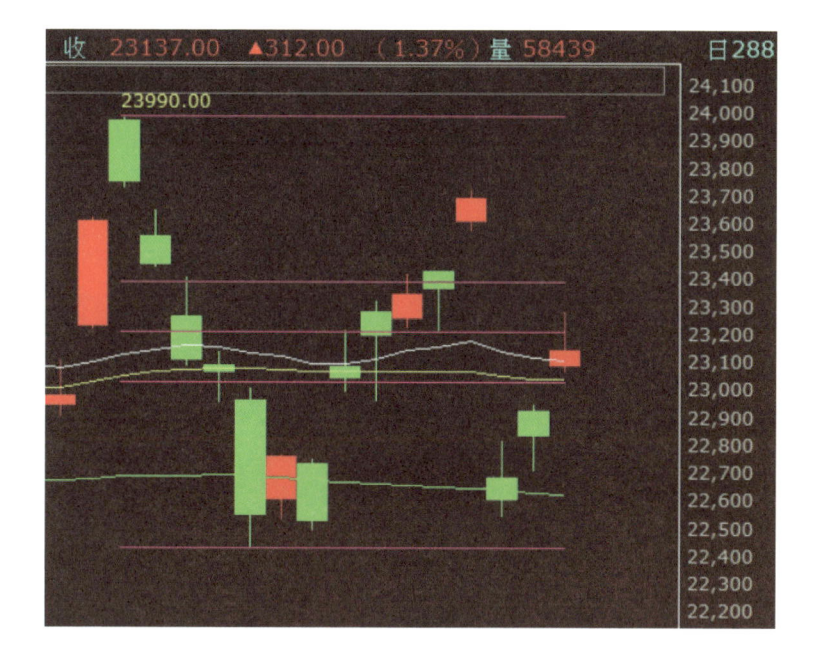

更改軟體背景色

群益贏家策略王的技術分析圖，預設底色為黑色，如果習慣看白底的話，也可以調整設定，以自己看盤舒適為主。

Step 1. 最初的使用畫面如下。

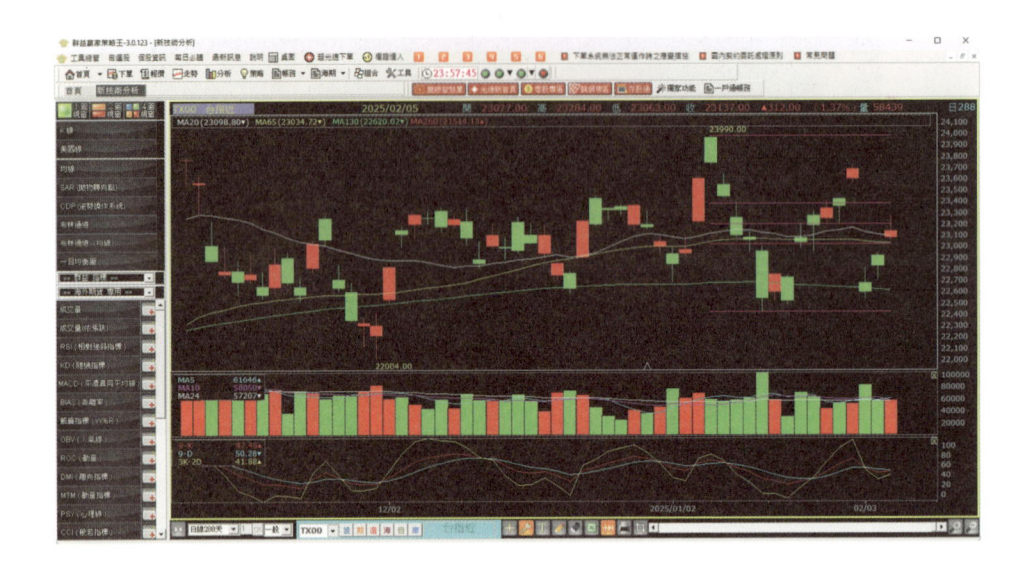

Step 2. 點擊「設定」，接著將左邊卷軸拉到最下面，選擇「《環境設定》」，改為白色後按下「存檔」。

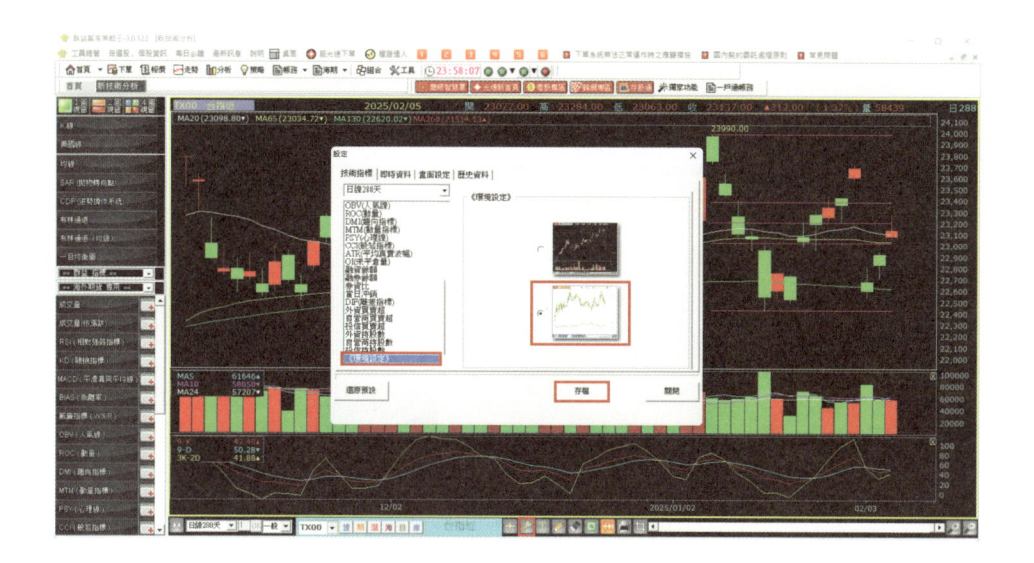

Step 3. 白底效果如下。

Step 4. 若想調整 K 棒顏色，就依序點擊「設定 > K 棒／美國線」，再點選要修改的 K 棒顏色，即可於「色彩」選單更換顏色，此處將本來綠色的黑 K 改回黑色。改完記得「存檔」。

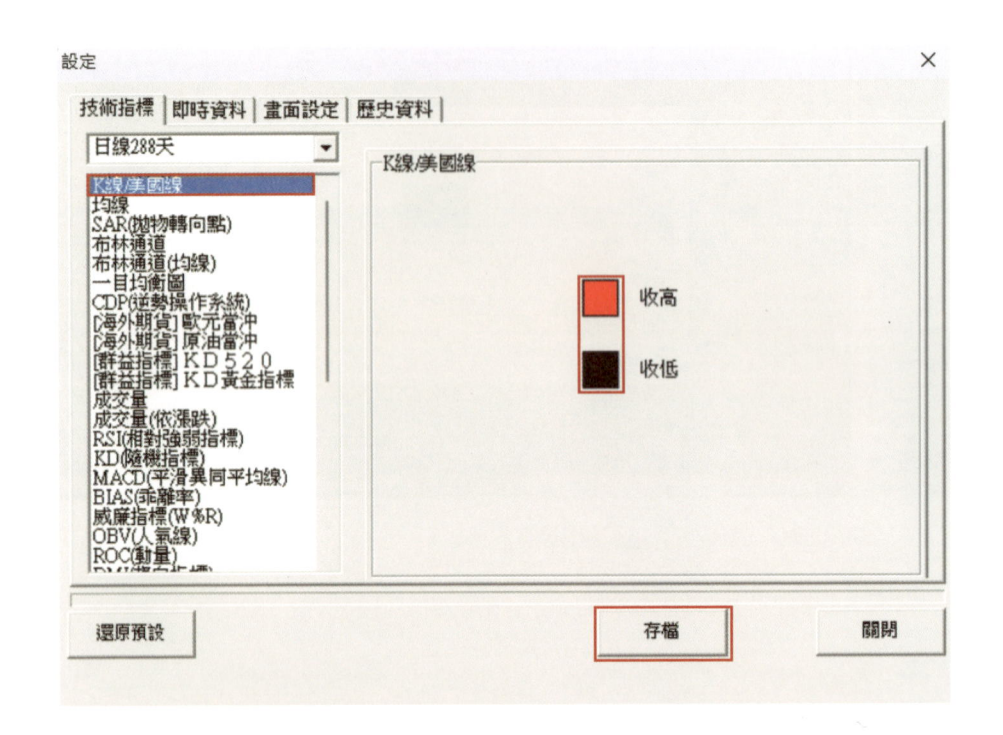

Step 5. K 棒顏色改變後效果如下。

分割畫面，減少切換麻煩

在「各階段對於投資的正確想像」的單元，我分享了自己會把一個畫面分成四格，同時觀察大台全盤 5 分 K、全盤 60 分 K、一般盤 5 分 K，剩下一個就隨機備用，用來看海期、選擇權等，不用一直切來切去，省下不少時間。

不過，這個分割畫面的效果，會因為個人的螢幕大小不同而有差異。電腦螢幕比較小的話，切成四格就會感覺有點擠，每格甚至無法顯示完整工具列，設定時需要再拉大、縮小；如果電腦螢幕比較大，自然不會有這些問題。

Step 1. 依序點選工具列的「組合 > 組合視窗精靈」。

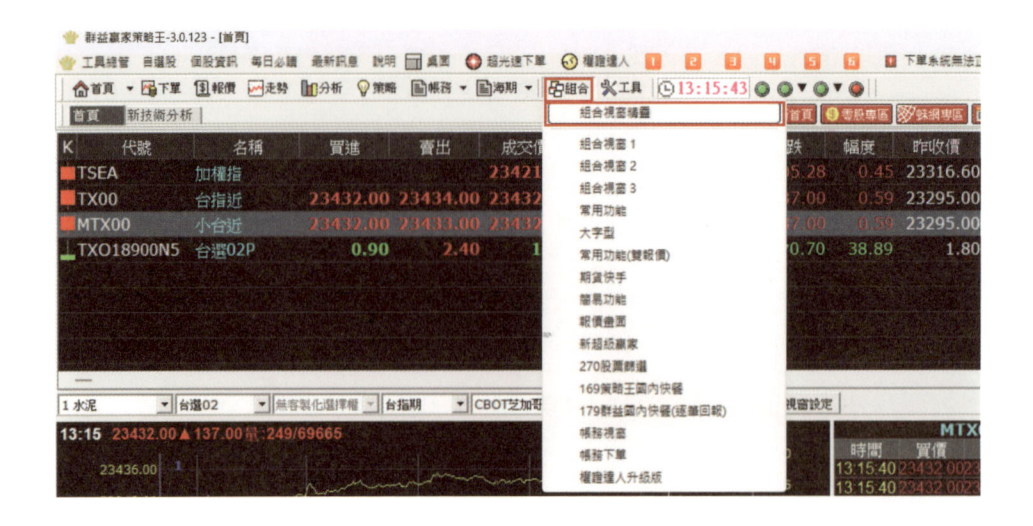

Step 2. 設定參數：於組合視窗精靈中「新增新視窗」，然後設定「視窗名稱」、「預設視窗大小」及「視窗顯示型態」（視窗大小建議選擇與目前系統顯示設定相同的大小），設定完畢按「下一步」。

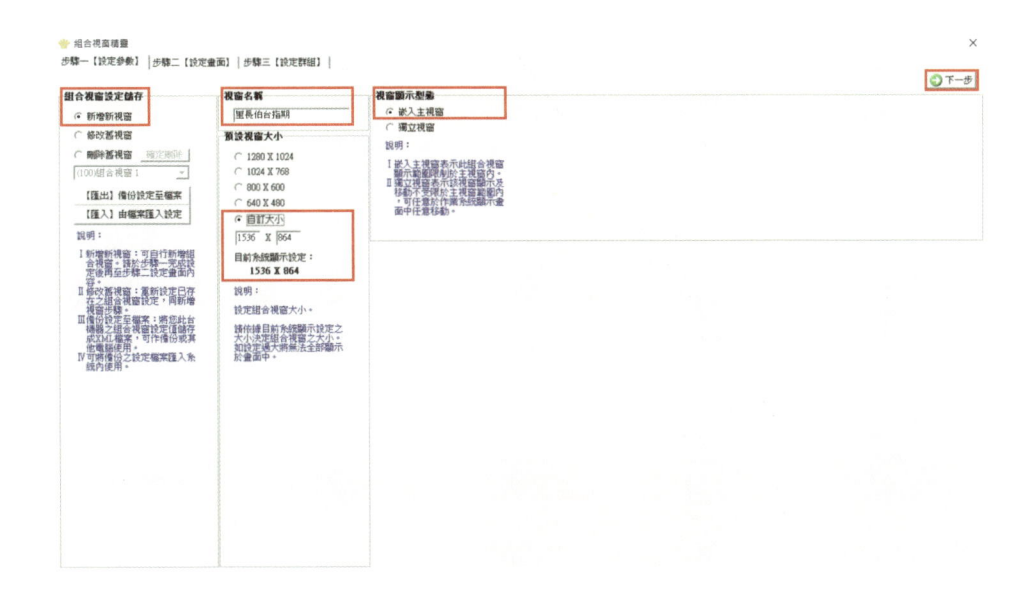

Step 3. 設定畫面：依照需求選擇「四格畫面」，底下畫面即隨之改變。

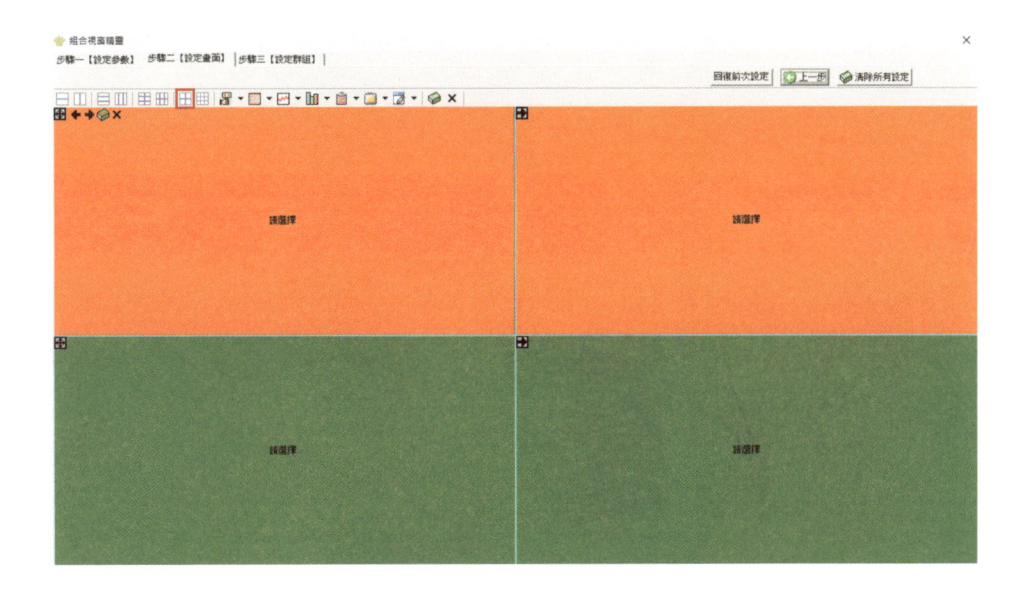

Step 4-1. 視窗選項有 ❶ 下單、❷ 報價、❸ 走勢圖、❹ 技術分析、❺ 回報、❻ 新聞、❼ 瀏覽視窗，最後還有 ❽ 清除畫面、❾ 刪除視窗。在選好欲設定的格子後，點選「技術分析」。

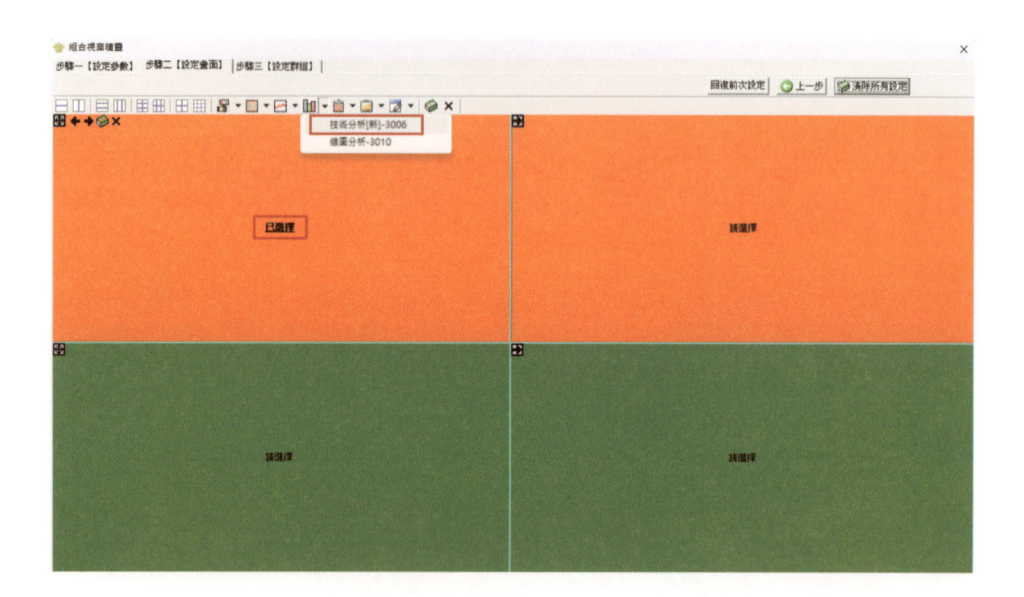

Step 4-2. 也可以在選好欲設定的格子後點擊滑鼠右鍵，使用選單來設定。

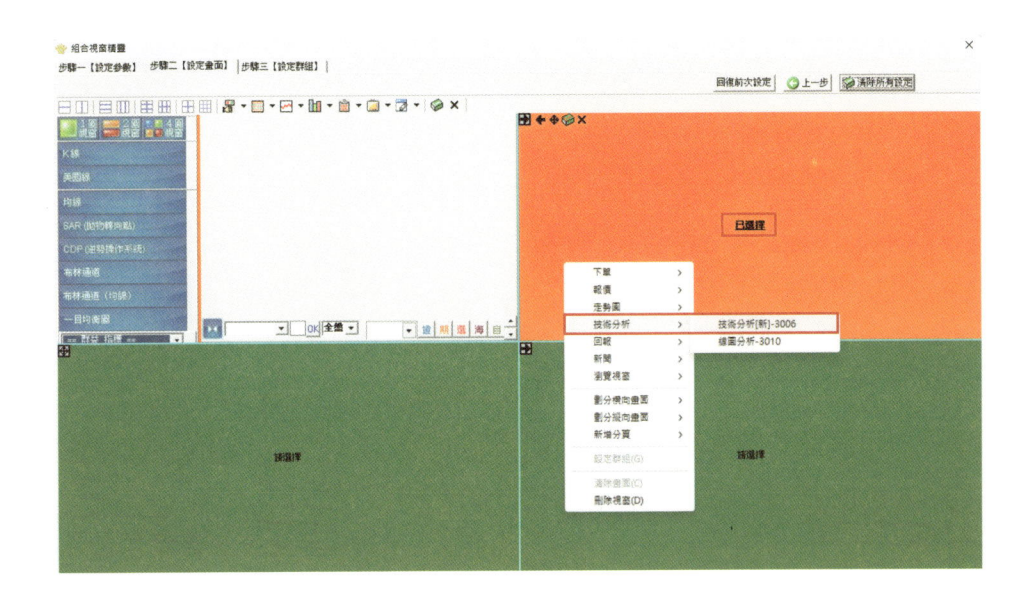

Step 5. 四格都放技術分析圖的結果如下。

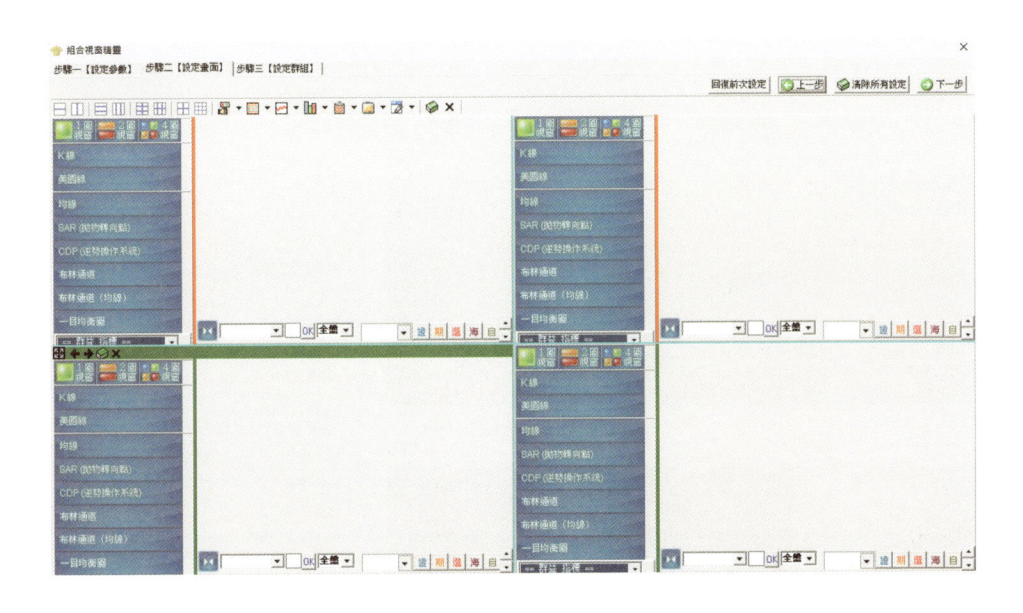

Step 6. 設定群組：這裡用來設定各視窗之間內容的連動關係，但由於我這次的設定並不需要，所以直接點選「確定儲存」。

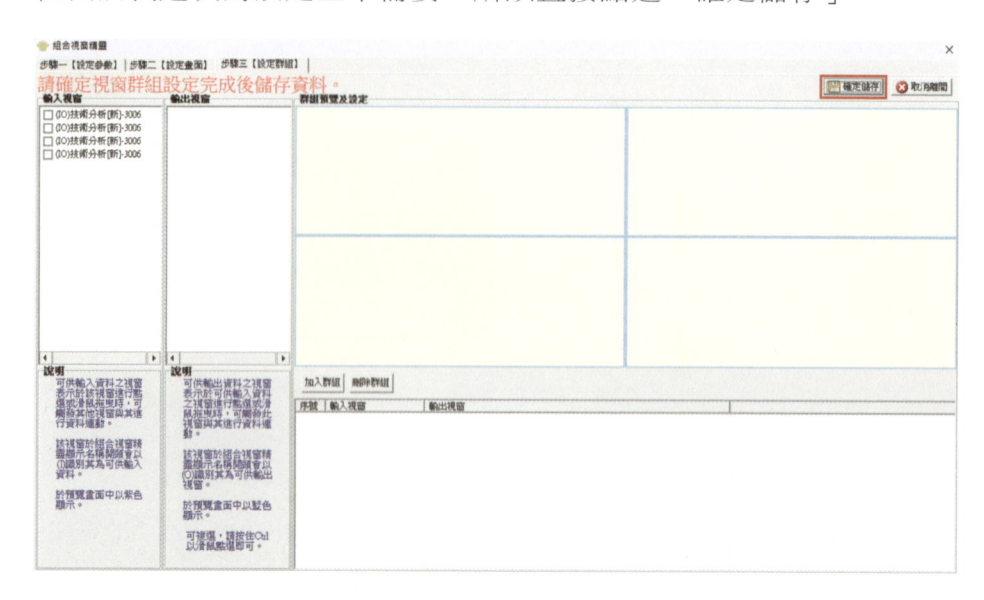

Step 7. 組合設定完成後，可在工具列中的「組合」中找到。

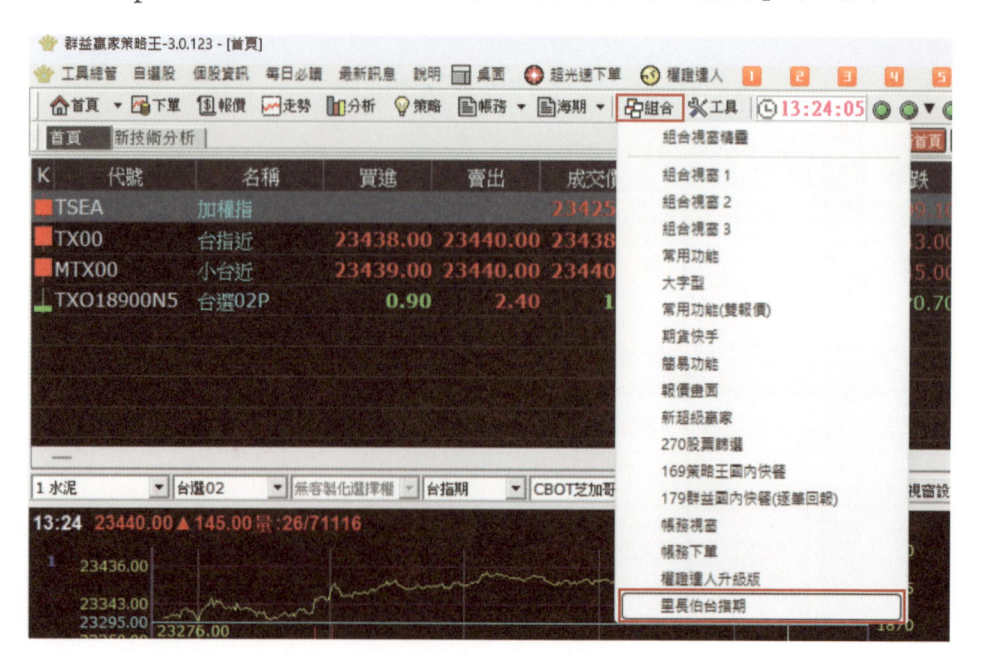

Step 8. 由於初始畫面並不是我們想要觀察的商品 K 線，因此還要再整理一下，於工具列變更商品、時間周期、技術指標等，最後隱藏技術指標欄位。

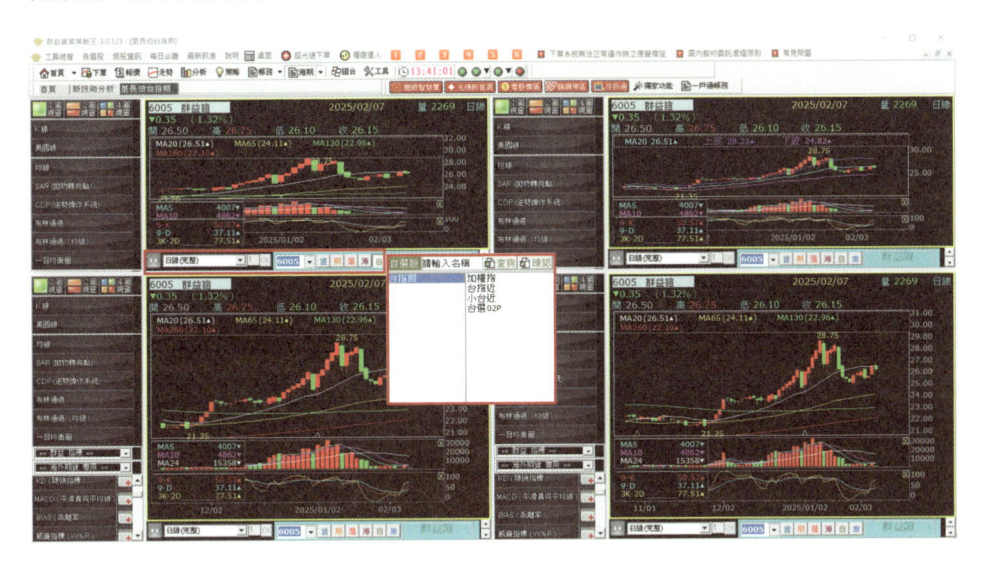

Step 9. 最後結果如下，左側有台指近全盤 5 分 K、台指近全盤 60 分 K，右側有台指近一般盤 5 分 K、小那斯達克期貨（右下為預留切換格，還會用來觀察 1 分 K、富台期／富時、選擇權等）。

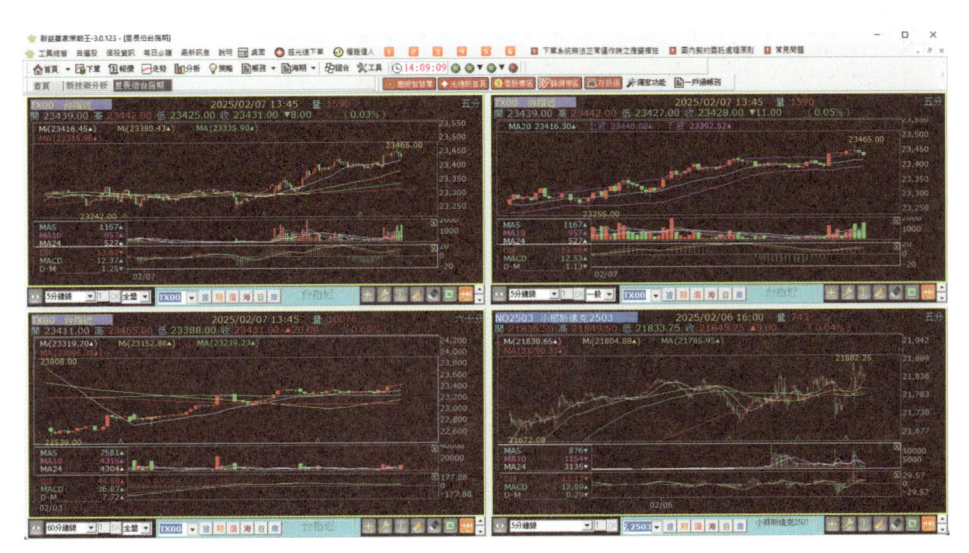

分頁，把想觀察的商品組成群組

　　如果螢幕實在太小，需要每張 K 線圖都全螢幕觀看，或者是有一些商品想要放到最大來看的話，可以使用組合中的「分頁」功能，雖然需要切換頁面，但想觀察的商品都統整到一排頁籤上了，點選起來也很方便。大家可以視自己的需求，與分割畫面搭配使用。

　　Step 1. 依序點選工具列的「組合 > 組合視窗精靈」。

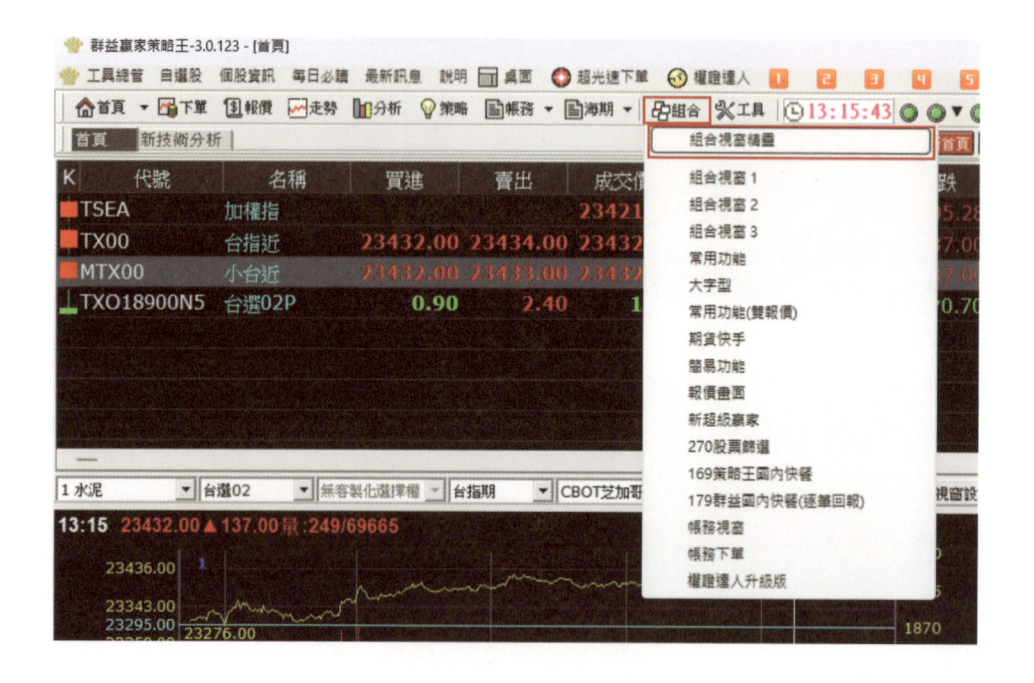

Step 2. 設定參數：於組合視窗精靈中「新增新視窗」，然後設定「視窗名稱」、「預設視窗大小」及「視窗顯示型態」（視窗大小建議選擇與目前系統顯示設定相同的大小），設定完畢按「下一步」。

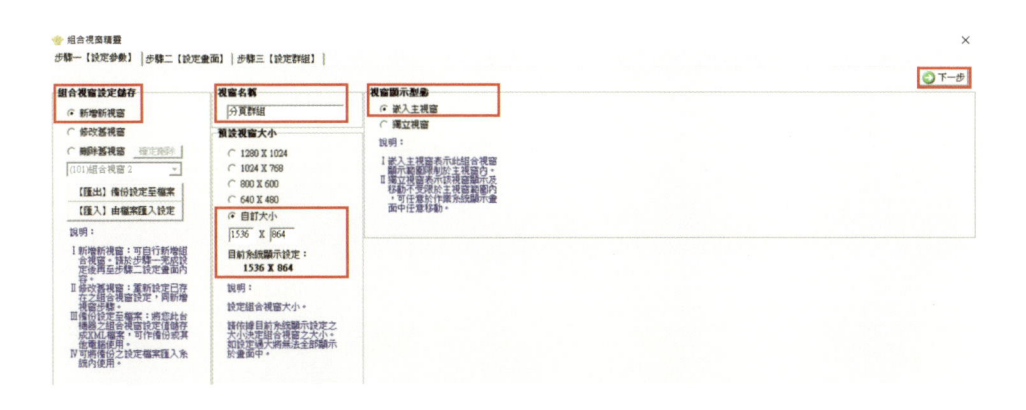

Step 3. 設定畫面：點擊畫面後選擇「新增分頁」，再依個人需求選擇新增幾個分頁。此處以「新增4個分頁」示範。

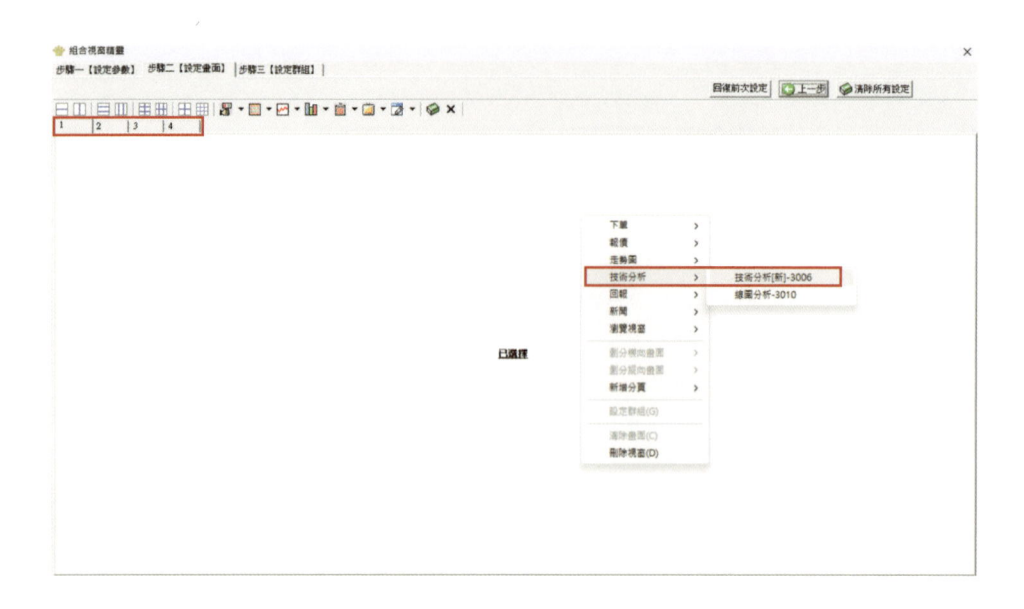

Step 4. 點擊要設定的分頁後，利用工具列中的圖示，或是點滑鼠右鍵、利用清單來選擇視窗類型。此處以「技術分析」示範。

Step 5. 分頁設定完的畫面如下。

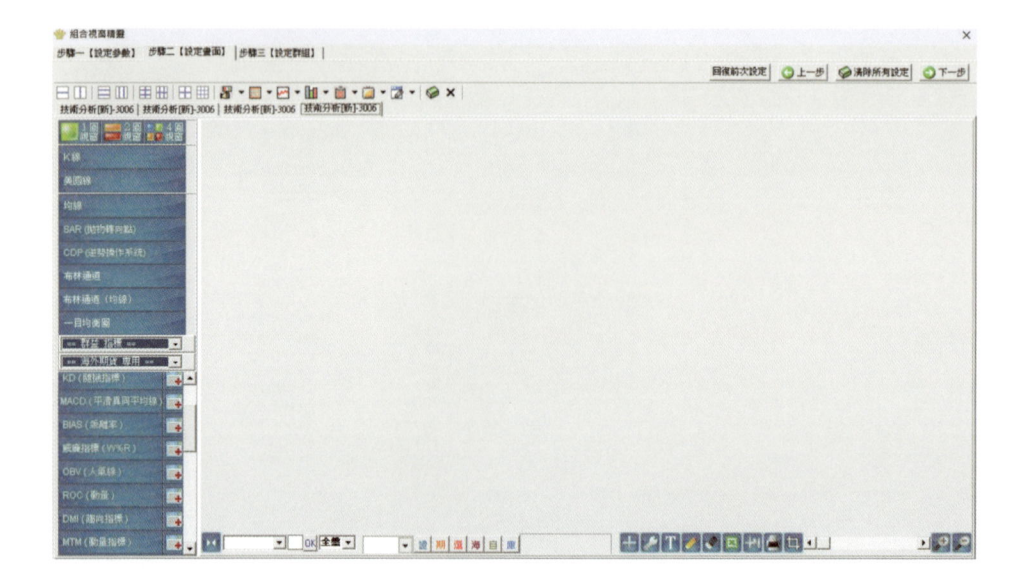

Step 6. 逐一將每個分頁的商品、時間周期、技術指標等,設定成自己要觀察的樣子,即完成。

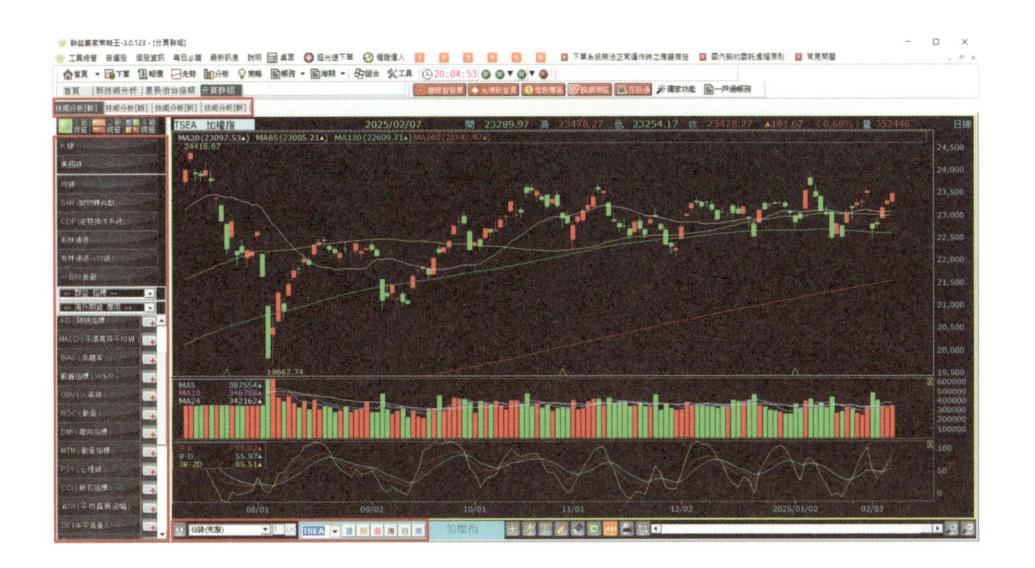

如何下單?

下單雖然簡單來說就是買或賣,但隨著功能增加、投資人追求交易快速,下單方式也增加了。但也不是說越快越好,大家還是要依照自身個性與習慣,挑選最適合自己的下單方式。

Step 1-1. 在報價區的商品上快速點兩下，就會跳出下單小幫手，視窗功能大致有 ❶ 設定下單小幫手的預設值、❷「開／關」下方的委託匣、❸ 輸入交易商品代號、價格、數量等、❹ 送單、❺ 新增至委託匣以批次下單。不過一次只會跳出一個下單小幫手，沒辦法同時開啟好幾個商品。

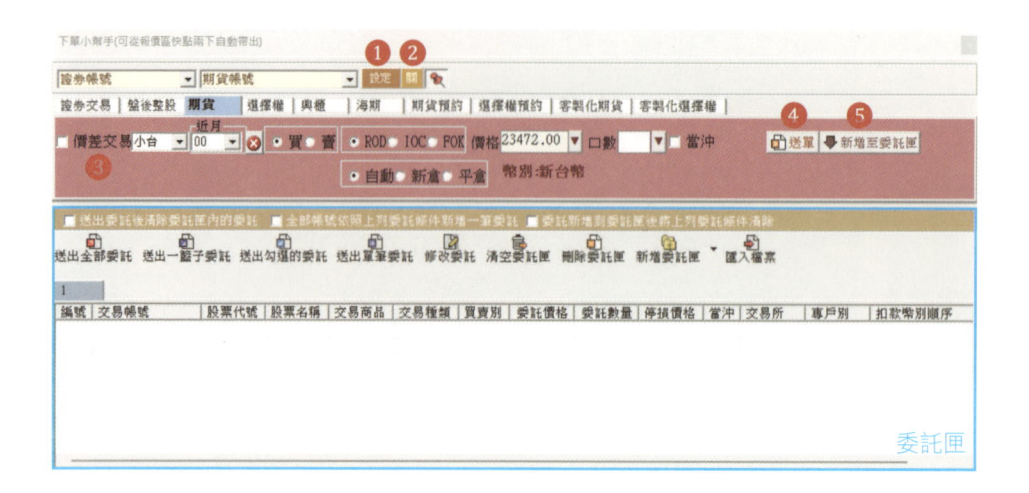

Step 1-2. 我自己則是使用「鷹眼智慧單」來下單，不只是新倉，平倉（包括停損單、保本單）也是。點擊工具列附近第一個紅色按鈕，即可開啟「鷹眼智慧單」視窗。

Step 2. 鷹眼智慧單畫面如下,可發現初始下單設定並非我們想要的,因此還需要再調整。

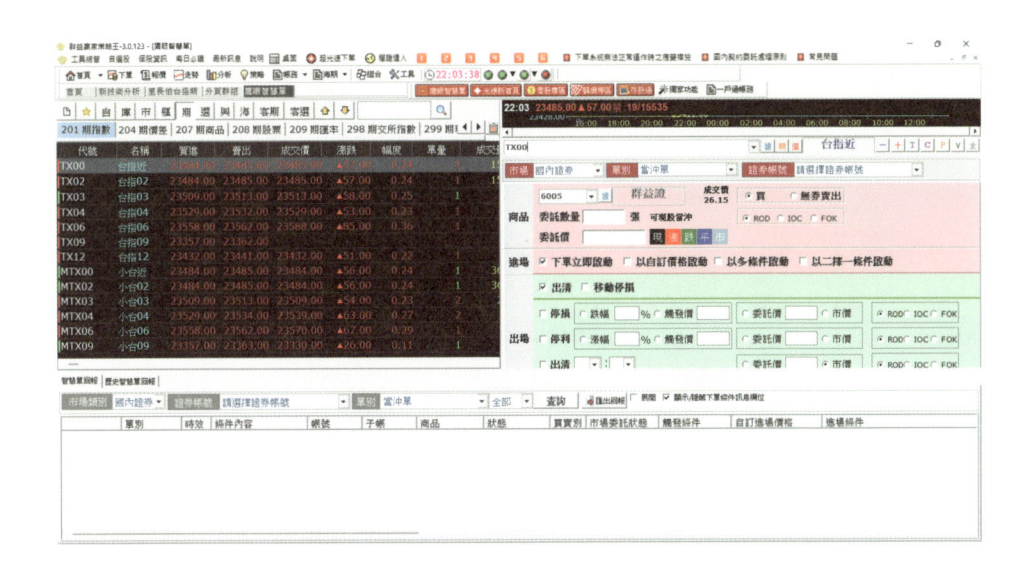

Step 3. 市場選「國內期選」,單別則依照個人需求來選擇,最後按「送單」。接下來就逐一說明比較常用的幾種單別。

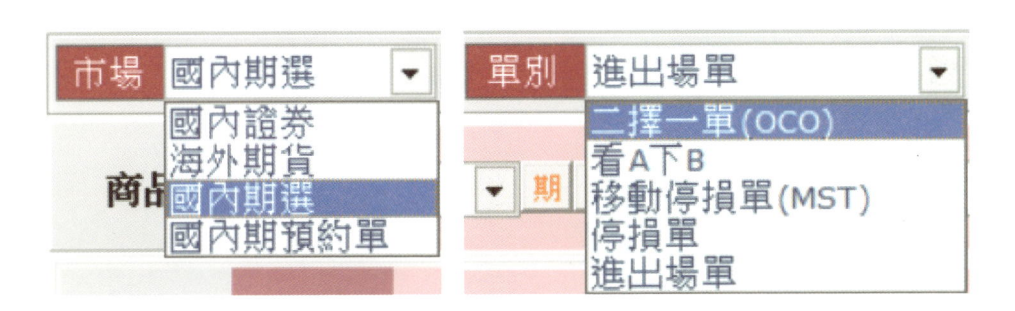

Step 4-1. 二擇一單（OCO）：即雙邊掛價單。持有部位後，同時設定好「停損以及停利」，當其中一個價格成交了，另一個未成交的價格會自動取消。假設我在 23,752 買進 1 口大台，既想設 50 點停損，又想設 50 點停利，就設定在 23,802 及 23,702 觸發賣出 1 口。

如果未持有部位，也可以利用雙邊掛價單建新倉，以追高多單或是追空空單進場，能夠運用於橫盤區做突破追漲或跌破追空。

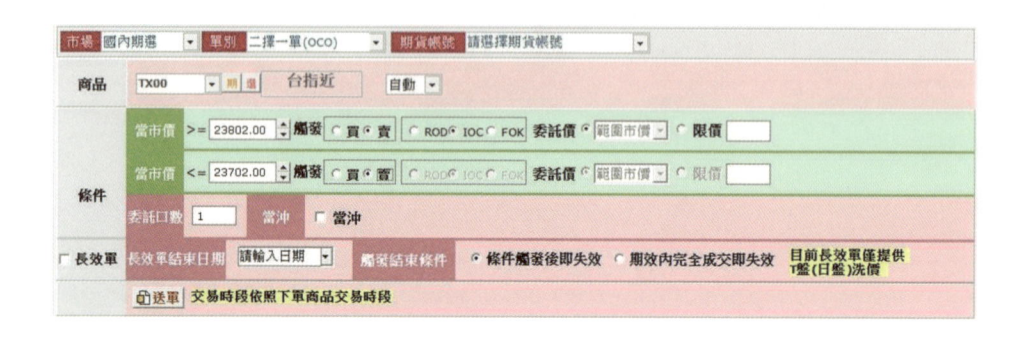

Step 4-2. 移動停損單（MST）：需要設定一個移動點數（Tick 為單位），當行情在順勢的過程中出現反轉的情況，一旦價格回檔到我們所設定的移動點數，便會平倉出場，有保利的效果。

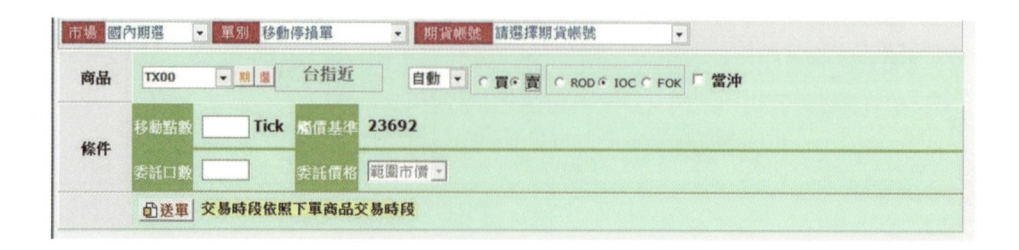

Step 4-3. 停損單：最基本的停損單，僅限定停損作用。

Step 4-4. 進出場單：可一次將「進場條件」及「出場條件」設定好，一旦進場條件成立，後續系統會依照出場條件平倉。

Step 5. 點選「送單」之後會跳出委託確認視窗，確認無誤就按下「確定」即送出委託。

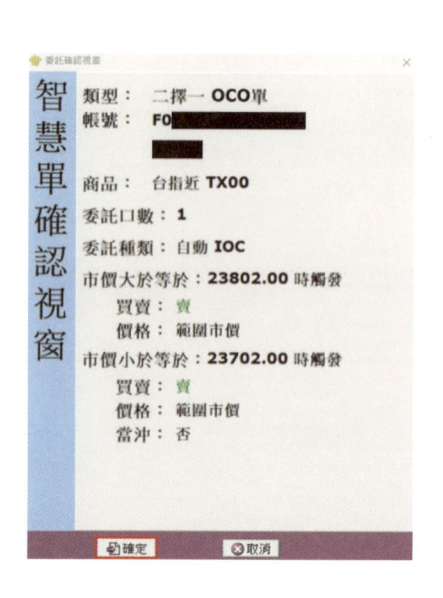

超光速下單及觸價單

超光速下單（閃電下單）顧名思義，就是正常下單的快速版，優點是刷價快，不用重開下單夾。

超光速下單固然方便快速，但也因此容易忘記取消掛價，畢竟下單畫面就這麼大，如果價格跑得很快，很有可能在價格跳動的過程中，就看不到自己掛的價格了。同樣狀況多重複幾次，就會有一堆掛價在等待執行、都沒有取消，單子成交時可能就不是最初預想的狀況，比如本來想要把空單補掉，反而多進了多單。

像這樣忘記下了幾筆單在場內，或是口數沒對齊，結果收盤時發現手中竟然還有單的狀況，如果是新手遇到，恐怕會慌了手腳、

不知如何應對，看到價格跳得很快就更緊張了，所以我認為新手不太適合使用超光速下單。

當然，如果只準備 1 口保證金，自然不會有重複下單的問題，但等到越來越熟練，多少會想放大口數，隨著操作口數漸增，越容易出問題。

我自己也碰過多下單的狀況，幸好我有在盯盤，可以第一時間發現，但出過幾次狀況之後，我就決定回歸普通下單，況且我不做刷短單的操作，一天進場沒幾次，用正常下單也足夠應付了。

雖然如此，但如果你記性很好、動作很快，使用超光速下單也無妨，找到適合自己習慣和操作模式的最重要。

Step 1. 在報價欄中，對著想要下單的商品點滑鼠右鍵，就能在選單中找到「最佳五檔下單（超光速下單）」，或是點選最上面的「超光速下單」也能開啟。此功能可以開啟很多個不同的商品。

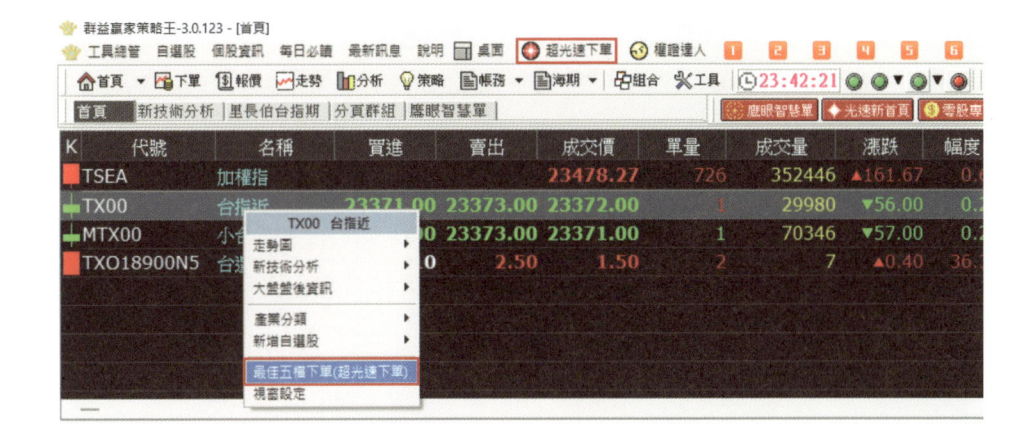

Step 2. 停損停利時會需要觸價功能（MIT，等價格點到才觸發市價單，不會因為市價優於掛價而立刻交易），但初始的超光速下單並未列出，因此要點選「設定」，再將下單環境設定中的「MIT設定」改為「開啟」，最後按下「確定」。

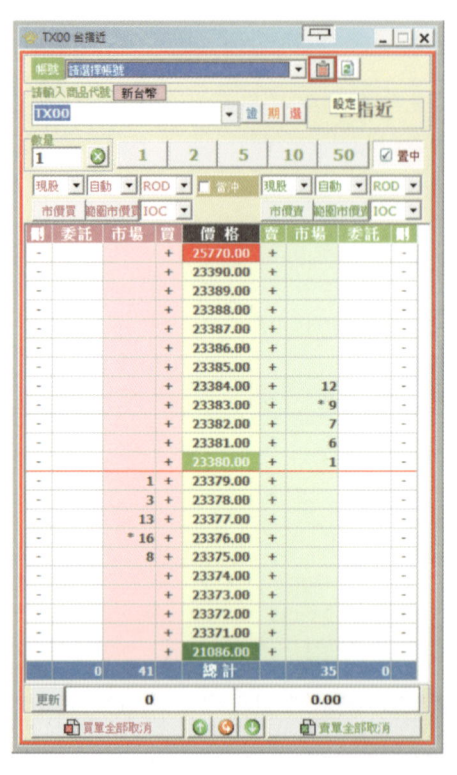

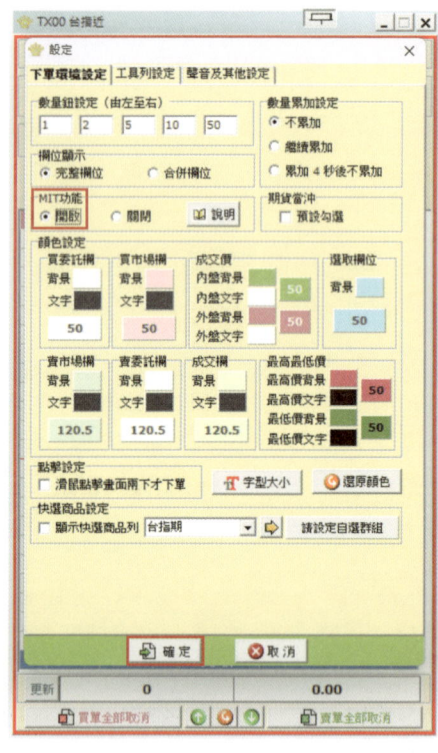

Step 3. 觸價欄開啟如下。畫面中其他設定包括 ❶ 選擇商品、❷ 下單數量、❸ 價格置中（有時價格突然間跳太遠就會用到）、❹ 委託條件、❺ 委託買單（可點市場的欄位或加號）、❻ 刪買單、❼ 買單全部取消、❽ 委託賣單（可點市場的欄位或加號）、❾ 刪賣單、❿ 賣單全部取消、⓫ 價位移動（可觀看五檔以外的價位，或回到目前成交價）。當天如果不再繼續操作，建議把買賣單都全部取消，以免有漏網之魚，等你再次打開看盤軟體才發現手上有單。

Step 4. 按下「委託」之後，會跳出確認委託的視窗，無誤就按下「確認」。

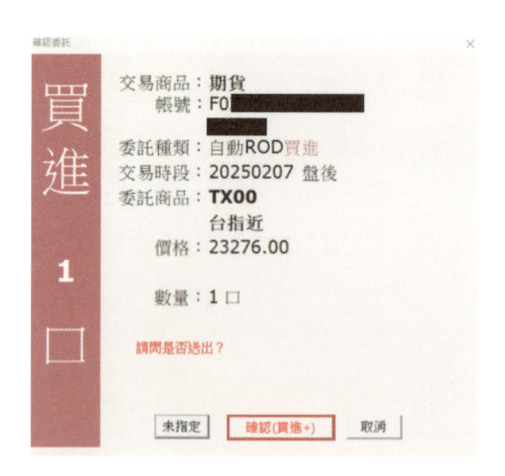

Step 5. 若想省略上一步來讓下單更快速，可以點選「工具總管 > 下單特殊設定」，隨後會跳出提醒，告知設定必須重新登入後方可生效，按下「確定」。

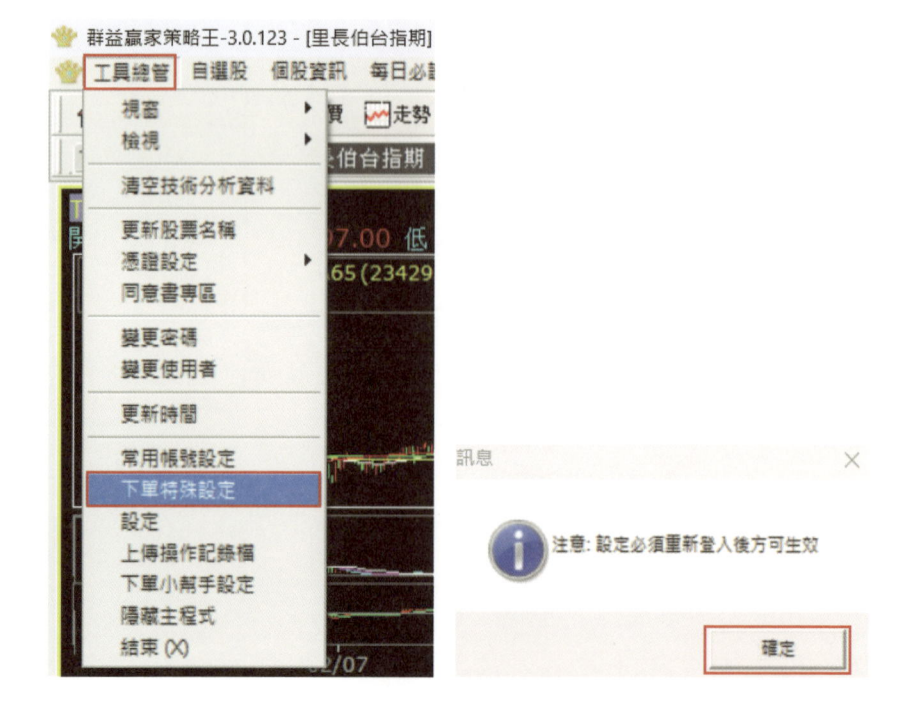

Step 6. 勾選「超光速下單中顯示『下單檢核』勾選項目」。

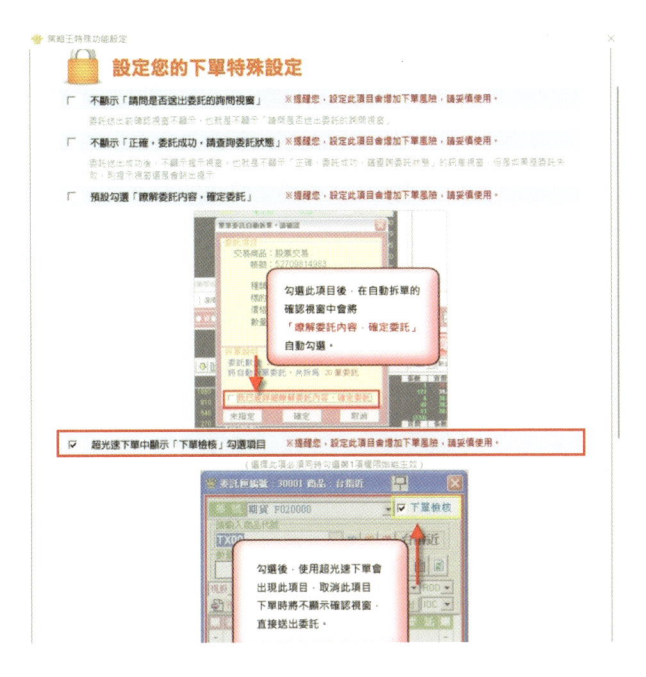

Step 7. 拉動卷軸來到視窗底部，點擊「儲存」。

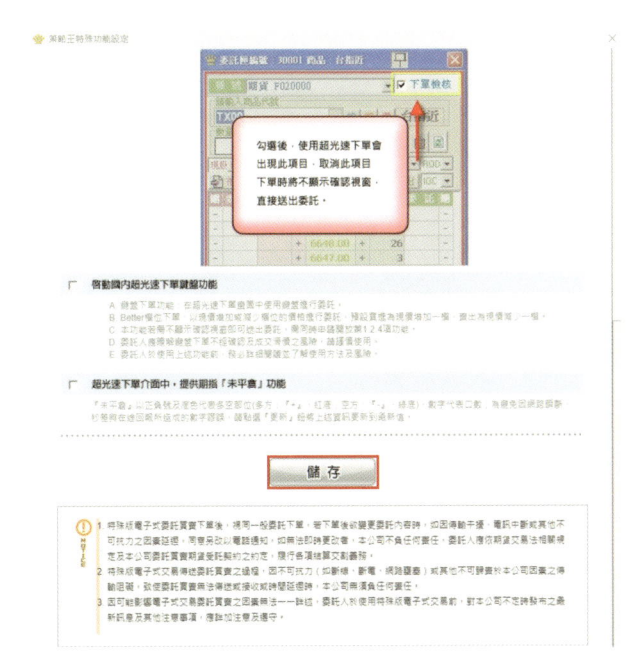

Step 8. 關閉看盤軟體後重新登入，就可以看到超光速下單多了一個「下單檢核」。只要「取消勾選」，下單後就會直接送出委託。雖然這個設定能減少確認時間，但同時會增加下單風險，必須妥善使用。

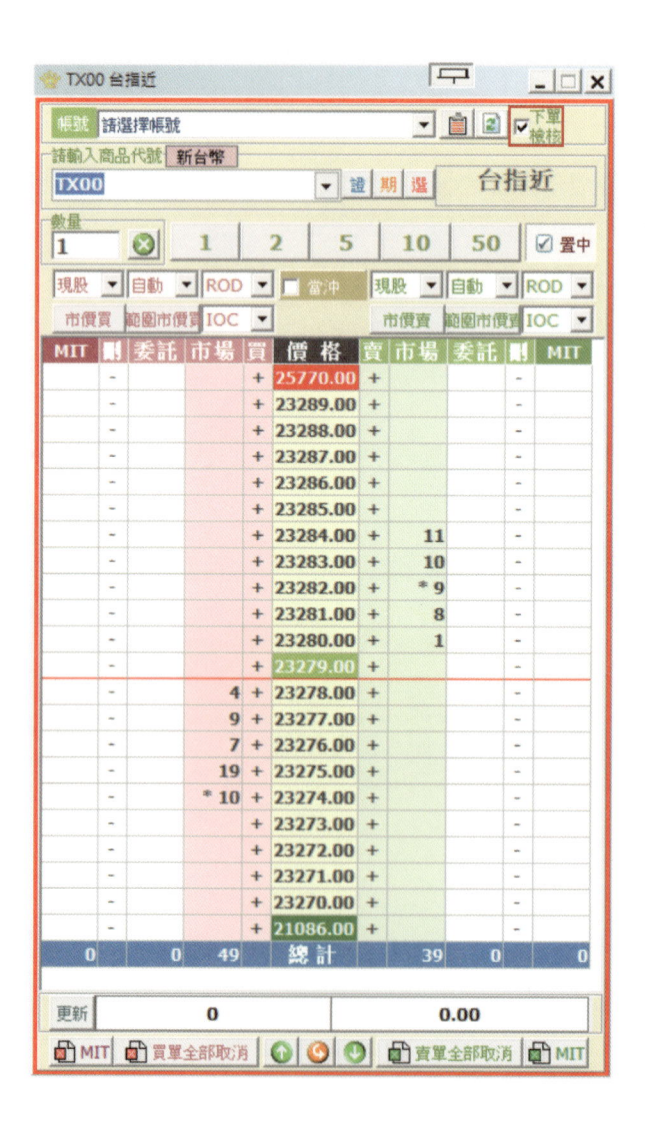

台灣廣廈 國際出版集團
Taiwan Mansion International Group

國家圖書館出版品預行編目（CIP）資料

翻轉你的期貨交易：何毅里長伯突破瓶頸的五個黃金法則 / 何毅里長伯 著. -- 初版. -- 新北市：財經傳訊, 2025.03
面； 公分. --（View;77）
ISBN 978-626-7197-86-8（平裝）
1.CST: 期貨交易 2.CST: 期貨操作 3.CST: 投資技術
4.CST: 投資分析

563.534　　　　　　　　　　　　　　　114000397

財經傳訊
TIME & MONEY

翻轉你的期貨交易：
何毅里長伯突破瓶頸的五個黃金法則

作　　　者／何毅里長伯	編輯中心／第五編輯室
	編 輯 長／方宗廉
	封面設計／張天薪
	製版・印刷・裝訂／東豪・弼聖・秉成

行企研發中心總監／陳冠蒨　　線上學習中心總監／陳冠蒨
媒體公關組／陳柔彣　　　　　企製開發組／張哲剛
綜合業務組／何欣穎

發　行　人／江媛珍
法 律 顧 問／第一國際法律事務所 余淑杏律師・北辰著作權事務所 蕭雄淋律師
出　　　版／台灣廣廈有聲圖書有限公司
　　　　　　地址：新北市 235 中和區中山路二段 359 巷 7 號 2 樓
　　　　　　電話：（886）2-2225-5777・傳真：（886）2-2225-8052

代理印務・全球總經銷／知遠文化事業有限公司
　　　　　　地址：新北市 222 深坑區北深路三段 155 巷 25 號 5 樓
　　　　　　電話：（886）2-2664-8800・傳真：（886）2-2664-8801
郵 政 劃 撥／劃撥帳號：18836722
　　　　　　劃撥戶名：知遠文化事業有限公司（※ 單次購書金額未達 1000 元，請另付 70 元郵資。）

■ 出版日期：2025 年 3 月　　　■ 初版2刷：2025 年 4 月
ISBN：978-626-7197-86-8
版權所有，未經同意不得重製、轉載、翻印。